AROUND

Vol.106
2026 April

오늘의 차 My Cup Of Tea

ISSN 2287-4216
ISBN 979-11-6754-056-0
KRW 22,000

Kim Kyurim, Lee Jieun(Moozi), Ko Woori & Kim Joohong, Kim Jinpyeong,
Kim Youmee & Shin Jeonghyun, Kim Yaiji & Choi Sangjun, Jang Juyeon & Yang Gyeongok,
Kim Yongjae, Chang Eunjin, Magpie&Tiger, Takanori Manago & Yuko Manago

차를 준비하는 데는 시간이 필요합니다. 물을 끓이고, 잎을 넣고, 우러나길
기다리는 시간. 서두를 수 없다는 점에서 차는 요즘 우리가 살아가는 방식과
조금 다릅니다. 그 느린 시간이 우리 마음을 가라앉힙니다. 찻잔은 마실수록
비어가는데 허전하지 않고, 몸은 따뜻해지고 생각은 제자리를 찾습니다.
차를 마시는 일은 그렇게 조용히 나를 돌보는 일이기도 합니다.
누군가가 함께 있을 때, 차는 또 다른 것이 됩니다. 좋아하는 사람에게
어떤 차를 내어줄지 고민하고, 잔이 비면 말없이 채워주고, 그 자리를 오래
기억합니다. 차는 사람과 사람 사이에 조용히 놓이기도 합니다.
이번 호를 준비하면서 다양한 방식으로 차와 함께 사는 사람들을
만났습니다. 격식보다 편안함을 먼저 생각하는 찻자리, 30년 넘게 차를 통해
사람들과 연결되어 온 시간, 차 도구를 직접 만들며 쓰임에 대해 고민하는
공예가 부부, 계절마다 꽃 아래 돗자리를 펴는 야외 찻자리까지. 저마다의
방식이 달랐지만, 차 앞에서 잠시 멈추는 습관만큼은 모두 같았습니다.
어라운드가 잊고 싶지 않은 각자의 찻자리를 기록해 남겨보았습니다.

김이경—편집장

오늘의 차 My Cup Of Tea

Contents

What A Warm Cup

내 안의 고요한 빛을 찾아

of Tea Reveals

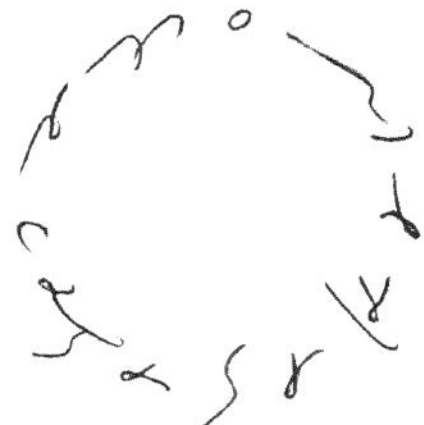

차실이자 갤러리 '카사 사카노우에Casa Sakanoue'를
운영하고 있죠. **소개를 부탁해요.**
유코 저희는 카사 사카노우에의 공동 운영자 부부예요.
이곳은 일본 요코하마에 자리한 공간으로, '일상 속 깃든
아름다움을 탐구한다.'는 주제로 시작되었어요. 매달
차 모임을 열어 중국차와 말차, 커피, 디저트를 함께
나누고 있답니다. 저는 중국차 모임을, 타카노리는 말차와
커피 모임을 진행해요. 봄과 가을에는 공예 작가들의
작품을 소개하는 전시를 열고 있는데요. 저희가 함께 일본
각지의 공예 작가 작업실을 찾아가 작품을 직접 고르고,
갤러리에서 소개하고 있어요.
타카노리 저희가 사는 곳은 요코하마의 히요시라는
동네예요. 히요시역을 나서면 게이오대학교의 아름다운
은행나무 거리가 펼쳐지는데 계절에 따라 풍경이
바뀌어요. 도쿄와 요코하마라는 큰 도시 사이에 있지만,
새소리와 빛이 아름다워 자연으로 충만한 지역이죠.

**일상 속 깃든 아름다움을 탐구하는 공간이라니,
방문자들이 무얼 경험하길 바라는지 궁금해요.**
유코 아름다움에는 여러 형태가 있다고 생각하지만,
저희가 가장 소중하게 여기는 것은 일상 속에서 발견되는
작은 행복이에요. 예를 들면 가족과 친구의 건강, 우리가
매일 사용하는 물건을 만든 사람들의 마음, 자연에서
얻는 영감, 창문으로 보이는 풍경과 빛 같은 것들이요.
평범한 순간에서 고요한 빛을 발견하는 감각을 소중히
여기고 있어요. 또한 삶의 경험을 통해 아름다움이 즐거운
순간에만 존재하진 않는다는 것도 깨닫게 되었고요.
삶에서 직면한 어려움이나 도전을 넘어선 뒤에, 비로소
나타나는 빛이 있다고 생각해요. 저희는 이곳을 찾는
분들이 일상 속에 있는 중요한 빛을 다시 발견하길
바랐어요. 차 모임과 전시 모두 이러한 목표를 실현하기
위한 중요한 방법이에요.

**그 매개가 차와 전시라는 점이 인상적이에요. 특별히
전시 공간을 마련한 이유가 있나요?**
타카노리 처음부터 공간이 차 모임과 큐레이션 전시라는
두 축으로 구성되길 바랐는데요. 공간을 열기 전, 많은
갤러리와 도예 작업실을 찾아갔어요. 작품을 보는 것뿐만
아니라 차를 대접받는 순간에서 특별한 온기를 느끼기도
했죠. 단순히 물건을 구매하는 것이 아니라 전체적인
경험에서 오는 충만함에 깊이 감동했어요.
카사 사카노우에로 그런 경험을 전하고 싶었고요.
유코 저희가 방문했던 곳들에서 가져온 작품들은 기억과
사람, 이야기를 함께 담고 있는 것처럼 느껴졌어요. 그렇게
봄, 가을마다 전시 〈Things We Wish to Cherish(소중히
간직하고 싶은 것들)〉를 열기 시작했죠. 차 모임과 전시가
같은 공간에서 열리면 방문객은 작품이 일상에서 어떻게
사용되는지 경험할 수 있어요. 저희는 이것이 차와 작품
사이 깊은 공명을 만든다고 생각해요.

차를 처음 접한 날로 거슬러 가볼게요. 어떻게 차를 좋아하게 되었나요?

유코 저는 집에서 보내는 일상과 식기를 소중히 여기는 사람이었고, 자연스럽게 차에 관심을 갖게 되었어요. 그러다 어느 날 아름답고 차를 맛있게 우려내는 사람을 만나 스스로 차를 배우기 시작했고요. '도(道, Tao)'라는 정신적 탐구의 길에도 들어서게 되었답니다.

타카노리 가족과 세계여행을 하면서, 고향 일본을 기반으로 나의 정체성을 생각해 본 적이 있어요. 그때 400년 이상 이어져 온 일본 다도를 배우고 싶다는 마음이 자연스럽게 생겼죠. 차의 문학적, 철학적 측면으로 관심이 확장되면서, 대학에 다시 입학해 전통문화와 관련된 예술을 공부했어요. 유코와 관심사가 점차 겹치면서 2023년 지금의 공간을 열게 된 거고요.

이번 호에는 차를 대하는 다양한 태도를 담았어요. 두 분은 차를 마실 때 무엇을 가장 중요하게 생각하세요?

유코 전통과 형식도 물론 중요하지만, 지나치게 얽매이기보다 나를 편안하게 마주하는 걸 더 중요하게 생각해요. 저희 공간의 찻자리는 사람들이 잠시 멈추어 자신을 돌보고, 마음의 중심과 다시 연결되는 시간이 되기를 바라며 기획돼요. 그래서 중국차 모임에서는 특별한 예절이 필요하지 않다고 안내하고, 말차 모임에서도 일본식 정좌 대신 편하게 다리를 꼬고 앉아도 괜찮다고 이야기해요.

차 마시는 시간은 어떤 의미로 와닿는지도 궁금해요.

유코 혼자 있을 때도 매일 차를 마셔요. 차를 마시는 시간은 바쁜 일상에서 나만을 위한 순간이 되고, 호흡을 가다듬으며 마음을 차분하게 만들어요. 누군가와 차를 나눌 때는 조화와 부드러운 연결감이 자연스럽게 생겨나죠. 어떤 마음으로 차를 대하느냐에 따라 차가 드러내는 것이 달라진다고 생각해요.

타카노리 차를 마시는 시간은 나를 마주하는 때이자, 문화와 철학을 만나는 순간이에요. 일상을 살아가다 보면 분주함과 소음에 압도되는 순간도 분명 있죠. 차가 그것들을 완전히 없애주진 않지만, 소음과 평온하게 공존할 수 있는 마음의 공간을 만들어줘요.

차를 '맛있다'고 표현하곤 하잖아요. 두 분에게 차가 맛있게 느껴지는 순간은 언제예요?

타카노리 나조차 잊고 차를 준비하고 마시는 일에 완전히 몰입했을 때요.

유코 호흡이 자연스럽게 깊어지고 어딘가 먼 곳을 여행하는 느낌이 들 때 그래요. 때론 차 속에 부드럽게 몸을 담그고 있는 느낌도 들죠. 차를 함께 마시는 사람들이 모두 편안해 보이고, 고요함 속에서 조화가 생겨날 때도 참 좋다고 느껴요.

아름다운 차실 사진들은 누구의 시선인가요?

타카노리 저희 부부가 차 모임이 열리는 동안 직접 찍었어요. 차를 준비할 때마다 향기와 맛, 올라오는 김, 다구의 아름다움, 공간의 빛에 늘 감동을 받아요. 그런 영감의 순간을 포착해 보는 사람들과 나누고 싶어요.

사람들이 특별한 차실을 찾는 이유는 무얼까요?

유코 같은 차라도 공간에 따라 맛이 다르게 느껴지거든요. 손님들은 저희 공간이 일본 신사 같다고 이야기해요. 신사는 자연 속에 지어져 평화와 조화, 소원을 기도하는 장소로, 마음이 자연스럽게 차분해지고 중심을 찾게 돼요. 신사와 비슷한 고요한 분위기 속에서 차를 마시는 경험은 명상에 가까운 상태를 만들어줄 거예요.

한국 독자들에게 다가오는 봄을 위한 차를 추천해 주실래요?

유코 갓 딴 새싹으로 만든 백차를 추천할게요. 새싹은 부드러운 솜털로 덮여 때로는 은빛으로 보이고, 하나하나가 섬세하고 아름다워요. 맛도 봄의 빛처럼 맑고 부드럽고요. 곁들임 음식으로는 한천으로 만든 부드럽고 산뜻한 디저트가 잘 어울릴 거예요. 가벼운 식감이 백차의 섬세한 풍미를 살려준답니다.

H. Instagram.com/casa.sakanoue

A. 일본 가나가와현 요코하마시 고호쿠구 히요시 4-5-3

Light Steps, In My Own Tea Room
사뿐하고 나다운 차 생활

김규림—브랜드 디렉터·작가

브랜드 디렉터이자 작가, 스스로를 '잡덕'이라 부르는 규림. 그가 이번에는 차의
세계로 우리를 초대했다. "결국 풀을 우린 물일 뿐"이라며 차로 향하는 문턱을
낮추면서도, 우림 시간 1초의 미세한 차이에서도 기어이 감탄의 근거를 찾는 집요함을
잃지 않는다. 아파트 방 한 칸에 정성껏 지어 올린 차실에서, 그는 단순히 차를 마시는
행위를 넘어 나다움을 증명해 내는 치열하고도 경쾌한 훈련을 이어가는 중이다.

에디터 황진아　포토그래퍼 최모레

저 역시 차에 입문하기 전까지는 철옹성 같은 장벽이 있는 줄 알았는데,
막상 해보니 별거 아니더라고요. 결국 풀을 우린 물이니까요.

섞일수록 선명해지는 것들

**이곳이 새로 지은 차실이군요. 건네주신 차도 향이
좋아요.**
최근 대만에서 사 온 이산 우롱차예요. 저는 보이차처럼
묵직하고 진한 건 잘 못 마시는 편이라, 꽃향기가 감도는
라이트한 차를 주로 찾아요. 평소에도 녹차나 백차를
즐기는데, 우롱차도 이렇게 연하게 우리면 입에
잘 맞더라고요.

대단엔 어떤 이유로 다녀오신 건가요?
제가 일하는 음료 브랜드 '뉴믹스커피'의 매장 손님
99퍼센트가 외국 분들인데, 요즘 대만 분들이 부쩍
늘었어요. 그분들의 문화를 조금 더 이해하고 싶어 떠난
길이었는데, 마침 대만디 차 문화가 아주 발달한 나라라
지금 제 관심사에도 딱 맞는 여행지였죠.

부지런히 살핀 대만의 풍경은 어땠나요?
대만 관광객분들이 저희 매장에서 '볶은쌀맛' 믹스커피를
드시면서 "우리나라에드 이런 거 있어!"라는 말을 정말
많이 하시거든요. 그걸 상상만 하기는 쉽지 않아서 직접
가서 가셔보고 싶었어요. 버블티가 태어난 나라답게 관련
시장이 정말 정교하게 발달해 있더라고요. 전통적인
우롱차를 현대적인 브랜드로 풀어내는 감각을 보며,
다음엔 어떤 맛을 우리 식으로 섞어볼까 즐거운 고민을
많이 했습니다.

**뉴믹스커피가 최근 밀크티 라인을 선보였잖아요.
'커피'라는 익숙한 이름을 잠시 내려놓고 새로운 시도를
하기까지, 내부적으로드 고민의 시간이 있었을 것 같아요.**
거의 1년 동안 고민했어요. 믹스커피로 시작한 브랜드가
다른 카테고리를 만드는 게 맞을까 싶었죠. 하지만 저희는
'믹스'라는 문화를 조금 더 넓게 바라보기로 했어요.
라즈베리 말차처럼 더 과감하고 낯선 조합으로 섞어볼 수

있지 않을까 생각했고요. 그런 시도를 이어가며, 이제는
사람들이 꼭 커피가 아니어도 '뉴믹스답다'고 인지해
주시는 것 같아 확신을 얻었어요.

**생산자의 눈으로 요즘의 음료 트렌드를 바라보면
어떤 것들이 읽히나요?**
우리나라는 정말 트렌드에 민감하고 호흡이 빨라요.
작년 말차 유행 땐 재료 수급이 안 돼서 사정하며 물량을
확보했을 정도니까요. 생산자가 되어보니 원료의 산지와
흐름의 변화를 더 객관적으로 관찰하게 돼요. 때로는
유행을 타기보다 "우리 쪼대로 한번 섞어볼까?" 하는
과감함이 필요하다는 사실도 깨달았고요.

**저희는 예전 《AROUND》에서 '문구인'과 '뉴믹스커피
브랜드 디렉터'로 이야기 나눈 적 있죠. 오늘 이 자리에서는
자신을 어떻게 정의하고 싶어요?**
아마 이번 호 출연자 중 제가 가장 가볍고 캐주얼하게
차를 즐기는 사람 아닐까 싶어요(웃음). 저는 저를
'안 심각하게 차 마시는 사람'으로 소개하고 싶어요.
원래 예쁜 공예품 탐색을 좋아하다 보니, 찻그릇 같은
'콩고물'에 먼저 눈을 떴고, 그 호기심이 차로 이어진
경우거든요. 저를 한마디로 정의하면 '잡덕'이에요.
이것저것 좋아하는 잡다한 관심사가 섞여서 결국
제 창작물로도 나온다고 생각하거든요. 그런 저에게
차는 정말 가볍게 접근하는 대상이에요. 제 본업이나
문구보다는 훨씬 덜 심각하죠. 인생에 하나 정도는
심각하지 않은 것도 있어야 하잖아요. 그런 면에서 다른
인터뷰이분들에 비해 무게감이 덜하다는 게 제 차 생활의
특징이지 않을까 생각해요.

**이번 호를 기획하면서 가장 고민한 부분이
'무게감'이었어요. 차를 깊이 아끼는 분들의 진지한

이야기도 소중하지만, 이제 막 관심을 갖기 시작한 분들에게는 조금 더 가벼운 선택지도 보여드리고 싶었거든요. 규림 씨의 이야기가 그분들에게 좋은 길잡이가 될 것 같아요.

그렇다면 다행이네요(웃음). 저는 제가 만들고 소개하는 것들을 보며 사람들이 '나도 할 수 있겠다.'는 용기를 얻을 때 기분 좋아요. 너무 도전적으로만 보이면 '저건 저 사람이라 가능한 일'이라며 벽을 느끼게 되니까요. 커피도 장인처럼 대하는 사람이 있는가 하면, 편의점에서 편하게 즐기는 사람이 있듯 차도 마찬가지예요. 저 역시 차에 입문하기 전까지는 철옹성 같은 장벽이 있는 줄 알았는데, 막상 해보니 별거 아니더라고요. 결국 풀을 우린 물이니까요(웃음). 그냥 마시면 되는 거였다는 사실을 깨달은 게 저한텐 참 좋은 경험이었어요. 그래서 차를 궁금해하는 분들에게도 늘 똑같이 이야기해요. 사실 별거 없다고, 그냥 마시면 된다고요.

차에 본격적으로 관심을 두게 된 계기가 싱가포르 생활이었다고 들었어요.

맞아요. 당시 일 때문에 잠깐 싱가포르에 머물렀는데, 굉장히 잘못된 생각으로 싱가포르에서 차를 배워야겠다고 마음먹었어요(웃음). 중화권 사람들이 많이 사니까 막연히 차 문화가 아주 발달했을 거라 오해한 거죠. 그런데 막상 가보니 싱가포르는 서울만큼이나 젊고 역동적인 국가라 차를 접할 기회가 생각보다 많지 않았어요. 이미 '싱가포르에서 차를 시작하면 너무 멋지겠다.'는 마음을 품고 갔는데 말이에요. 가르쳐주는 곳을 일부러 찾아다녀도 마땅치 않아서, 결국 그곳에서 독학을 시작하게 된 케이스예요.

낯선 타국에서 혼자 차와 친해지기가 쉽지 않았을 텐데, 어떤 방식으로 시작하셨어요?

싱가포르 차이나타운에 있는 몇 안 되는 찻집을 찾아갔어요. 그곳의 티 마스터에게 무엇부터 시작하면 좋을지 물었죠. 그분이 저를 보더니 기왕이면 좋은 걸로 시작하라며 아주 비싼 개완(뚜껑이 있는 찻잔)을 추천해 주셨어요. 초보인 저에게는 너무 과한 것 같아 정중히 거절했더니, 그분이 말씀하시더라고요. "어차피 너는 여기까지 오게 되어 있다."고요. 그날은 결국 가볍게 즐길 만한 찻잎과 2만 원짜리 저렴한 개완을 사서 돌아왔어요. 그런데 쓰다 보니 정말 그분 말이 맞더라고요. 손에 감기는 개완이 따로 있다는 걸 알게 되면서 점점 '다음 건 이걸 써볼까?' 하고 하나씩 발전하게 된 거죠. 찻집에 놀러 갔다가 예쁜 게 있으면 따라 사보기도 하면서요. 그렇게 조금씩 저만의 차 생활이 두터워졌어요.

"어차피 너는 여기까지 오게 되어 있다."는 호언장담을 들었을 때 기분이 어떠셨어요?

당연히 그럴 거라고 생각했어요(웃음). 제 소비 인생이 늘 그런 과정의 반복이었거든요. 다만 저는 누군가 정해준 북극성을 바로 찍기보다, 저한테 맞는 장비를 하나씩 업그레이드하며 나만의 북극성을 찾아 나가는 과정에 재미를 느끼는 사람이에요. 시행착오를 겪을 때도 있지만, 그런 과정을 겪으며 결국 나만의 지도를 그려 나가는 중인 것 같아요.

중화권의 차 문화 중에서도 특히 흥미를 끄는 지점이 있다면요?
일상에 아주 자연스럽게 녹아 있는 차 문화를 동경하는 편이에요. 베이징의 '장일원' 같은 100년 넘은 자스민차 브랜드에 가면, 동네 할머니 할아버지가 오셔서 "100그램 주세요." 하면 잎차를 그냥 푹 퍼서 포장해 주시거든요. 대단한 감각이나 격식 없이, 아주 평범하게 소비하는 풍경이 참 재밌더라고요.

우리에겐 생소하지만 타국의 일상에 깊이 박힌 문화를 마주할 때, 막연히 가지던 심리적 장벽이 무너지기도 하죠.
맞아요. 제가 믹스커피 브랜드를 준비하며 느낀 건데, 우리나라의 어느 부동산이든, 공사 현장이든 숨 쉬듯 존재하는 게 믹스커피잖아요. 너무 당연해서 정작 우리는 잘 느끼지 못하지만요. 대만의 우롱차나 인도의 짜이Chai도 마찬가지예요. 우리나라에 오면 꼭 비싼 곳에서 격식 차려 마셔야 할 것 같지만, 현지에선 길거리에서 가볍게 사 마시는 음료거든요. 가보지 않았기에 높다고 생각하던 허들이 탁탁 깨지는 지점들, 그걸 경험하고 싶어 여행을 떠나기도 해요.

허들을 낮춰주는 친절한 브랜드나 도구를 만나면 반가운 마음이 더 크겠어요.
맞아요. 대만의 '울프티Wolf Tea' 같은 브랜드가 좋은 예시예요. 이번에 사 온 개완에는 스케이트보드를 타는 늑대가 그려져 있는데, 이런 위트 있는 도구가 더 많아졌으면 좋겠어요. 100년 넘은 헤리티지 브랜드는 이미 차를 잘 아는 손님이 주로 찾아오니 설명이 불친절할 때가 있거든요. 반면 울프티는 픽토그램이나 지도를 활용해 찻잎의 출처를 친절하게 알려줘요. 디자인도 감각적이라 입문자들이 이해하기 훨씬 쉽고요. 오래된 전통 위에 이런 위트 있는 브랜드들이 더해질 때 차의 장벽이 낮아진다고 느껴요. 입문자들이 "뭐야, 별거 아니네?"라고 생각하게 만드는 브랜드가 많아질수록 차 문화도 다채로워질 거라 생각해요.

그런 발견들이 일상에는 어떤 식으로 섞여 드나요?
최근 베이징의 한 가게에서 '자스민차 커피'를 마신 적이 있어요. 커피와 차의 맛이 절반씩 섞인 묘한 음료였는데, 집에서도 그 맛을 구현해 보려고 계속 시도 중이에요.

자스민차로 드립을 해볼까 고민하며 여러 번 실패하고
있는데, 저는 이런 과정이 참 즐거워요. 전통의 방식도
좋지만, 전통적인 것과 새로운 것을, 귀여운 것과 진지한
것을 섞어보는 게 제 직업이기도 하니까요. 그런 시도들이
제 안의 관성을 깨주기도 하고요.

**차를 우릴 때 백산수만 고집하신다는 이야기를
들었어요. 직접 물맛을 비교해 보신 건가요?**
차는 온도나 물에 따라 맛이 완전히 달라진다고 하잖아요.
궁금해서 수돗물과 여러 브랜드의 생수를 늘어놓고
비교하며 마셔봤는데, 확실히 다르더라고요. 제 미각이
예민한 편은 아니지만, 매일 같은 행위를 반복하다 보면
어제와 오늘이 미세하게 다르다는 걸 감각적으로 알게
돼요. 한 달 동안 똑같은 차만 마셔보기도 했는데, 물의
미네랄 함유량에 따라 차이가 분명히 있고, 우리는 시간
1–2초 차이로 쓴맛이 확 올라오기도 했어요. 그 변화를
찾아가는 재미가 크더라고요. 마침 그때 듣던
차 수업에서도 디테일한 차이를 배운 덕에 조금 더
깊어질 수 있었고요.

**차 수업을 들을 때 선생님께서 "맛이 어떻게 좋은지
구체적으로 말해달라."고 하셨다는 일화를 블로그에서
읽었어요. 사실 맛을 언어로 표현하는 게 쉽지 않잖아요.**
정말 부족함을 많이 느껴요. 저도 와인이나 커피를 마실
때 누군가 "체리 향이 난다."고 하면 "대체 어디서
체리 맛이 나지?" 하고 되묻던 평범한 일반인이거든요.
당시 수업을 하면서 제가 했던 감상은 "맛있어요.",
"좋은데요."뿐이었어요. 이외에 어떤 표현을 할 수 있을지
계속 훈련을 받은 거죠. 그때 선생님의 말씀을 유심히
관찰해 보니, 단순히 미각뿐만 아니라 피어오르는 난향,
몸이 훈훈해지는 느낌, 심지어 다기를 만지는 촉감까지
아울러서 이야기하시더라고요.

**거창한 수식어가 아니더라도, 그 순간의 기분에
대해서만 이야기해도 충분하죠.**
맞아요. 저희가 차를 소믈리에처럼 평가하려고 마시는
건 아니니까요. 그날의 일기를 쓰듯 차 마실 때 감정을
이야기해도 되고요. 저도 친구들에게 차를 내어줄
때 구체적인 맛 묘사보다는 곁들이는 다식이나 도구
이야기, 차를 둘러싼 주변부의 즐거움을 더 많이 나누게
되더라고요.

좋아하는 걸 혼자 간직하기만 하면 금방 식거나 포기하기 쉽지만,
밖으로 꺼내는 순간 더 깊게 파고들 수 있는 환경이 저절로 구축되기도 해요.

좋아하기 위해, 더 좋아하기

이 공간을 마련하게 된 배경에 대해 "작년 한 해 스스로를 돌아볼 시간이 부족했다. 오롯이 집중할 수 있는 공간이 필요했다."는 말씀을 하셨죠. 작년은 어떤 시간이었나요?
정말 전쟁 같았어요. 본업에서 새로운 필드에 들어오다 보니, 낯선 역할과 환경에 적응하는 데 엄청난 에너지를 쏟았거든요. 체력보다도 심리적인 소모가 큰 한 해였어요. 주말이면 도망치듯 집으로 돌아왔지만, 집에서도 일 생각이 끊이지 않더라고요. 자연스럽게 일상의 소란을 잠시 끊어내고 다시 나로 돌아올 공간의 분리가 절실해졌어요. 그런 마음으로 이 차실을 꾸리게 됐죠.

말씀처럼 워낙 관심 분야가 넓은 '잡덕'이시잖아요. 수많은 선택지 중 왜 히필 차를 위한 방이었을까요?
저도 고민이 많았어요. 저희 집엔 그 시기의 화두에 따라 '노와이파이 존'이 있기도 했고, '생각의 방'이라 이름 붙인 공간도 있었거든요. 이번에 다시 방을 꾸미기로 했을 때, 지금 저한테 가장 필요한 게 뭘까 고민해 보니 자연스럽게 '차'가 떠올랐어요. 보통은 차를 깊이 사랑하는 분들이 차실을 만든다고 생각하잖아요. 저는 반대예요. 공간이라는 환경을 먼저 세팅해야 인생이 바뀌는 사람이라, 차실을 가짐으로써 차를 조금 더 진지하게 대하고 즐겨보고 싶었더요. 차가 너무 좋아서 차실을 만들었다기보다, 더 깊이 차를 좋아해 보고 싶어서 공간을 먼저 만든 것에 가까워요.

실제로 공간을 분리해 보니 어떤 변화가 생기던가요?
제 행동이 자연스럽게 디자인됐어요. 일과 일상이 뒤섞인 책상 앞에서 차를 마실 때와는 마음가짐의 무게가 다르거든요. 외부에서 잡념을 잔뜩 붙이고 집에 돌아와도, 어두운 이 차실에 앉아 차가 우려지는 모습에 집중하거나 다기(차를 끓여 마시는 데 쓰는 도구)를 차분히 만지다 보면 그 소란들이 자연스럽게 소멸돼요. 바빠서 발도 못 붙이는 날도 있지만, 이 공간이 눈에 보이는 것만으로도 '자기 전에 한 잔 마실까?' 하고 마음먹게 되죠. 저한테 차는 외부 세계로부터 저를 차단하고 보호하는 소중한 수단이 됐어요.

이 차실을 구성할 때 가장 중점을 둔 요소는 무엇이었어요?
저는 일단 외부와의 '차단' 혹은 '전환'을 최우선으로 생각했어요. 바깥세상에서 받는 영향에서 완전히 벗어나, 이곳에 들어오는 순간은 오롯이 내면으로 접속하는 기분이길 바랐거든요. 그래서 사면을 나무로 감싸 아파트라는 구조적 한계를 지우고, 마치 다른 공간에 온 듯한 느낌을 줬어요. 또 하나는 물건을 밖으로 꺼내어 눈에 보이게 했어요. 도구를 수납함에 넣으면 깔끔하겠지만, 저는 매일 도구를 고르는 재미를 느끼고 싶었어요. 그날 기분에 따라 선택이 달라지는데, "왜 오늘은 이 다기에 마음이 갈까?"라고 고민해 보면 또 그것만의 이유가 있더라고요. 내면을 살피기 위해 외부를 차단하는 것도

중요하지만, 그 고요 안에서 내가 어떤 선택을 하고 어떻게 움직이는지를 관찰하는 것 또한 나를 알아가는 좋은 방법이라 믿어요. 스스로 다양한 선택지를 부여하고 그걸 매일 선택하게 하는 훈련을 해보고 싶었어요.

사소한 선택 하나에도 이유를 찾아내고 있네요. 그 과정이 결국 나라는 사람의 핵심으로 들어가는 가장 정직한 길이라는 생각에 깊이 공감해요.
그렇게 하려고 항상 노력 중이에요. 요즘은 내 의견이나 감정이 진짜 내 것인지 착각하기 너무 쉬운 세상이잖아요. 예전에 '좋아하는 이유'를 기록하는 노트가 있었는데, 막상 적으려니 할 말이 없더라고요. "누가 올린 걸 따라 샀더니 좋더라.", "모양이 타원형이라 예쁘다." 정도에서 끝나는 감상을 과연 '내가 진짜 좋아하는 것'이라고 말할 수 있을까? 스스로 물어봤을 때 확신이 서지 않으면 저는 급속도로 불안해지 기 시작해요. 내 것이 아닌 것을 내 것이라 믿고 있었다는 사실을 깨닫는 순간이 정말 무섭거든요.

그 두려움의 실체는 뭐예요?
영화 〈매트릭스〉처럼 가상현실 속에서 타인의 것들을 다 흡수해 놓고, 그것을 오롯이 내 것이라고 착각하며 살아가는 건 아닐까 하는 두려움이에요. 그래서 늘 스스로에게 되물어요. "이거 진짜 내 건가? 진짜 내 생각인가?" 질문에 답하기 위해 저는 그 생각이 시작된 처음의 순간을 파고들어요. 아주 어린 시절 기억일 수도 있고, 어떤 물건과 처음 만난 찰나의 순간일 수도 있어요. 그렇게 뿌리를 찾아 파악해야만 비로소 안심이 돼요.

때로는 그 시작이 타인으로부터일지라도, 시간이 흐르며 나만의 의미가 덧입혀져 내 것이 되기도 하잖아요. '진짜 내 것'이 되는 기준은 무엇인가요?
시작은 누군가의 추천일 수 있죠. 하지만 근원지를 아는 게 저한테는 무척 중요해요. 그래야 그 지점부터 제 이야기를 쌓아 나갈 수 있으니까요. 저는 어떤 소유든 반드시 내 생각으로 이어져야 한다는 철학이 있어요. 5만 원만 있으면 누구나 살 수 있는 똑같은 물건을 단순히 가지고만 있는 건 진정한 소유가 아니라고 생각하거든요. 일기도 마찬가지예요. 사건은 누구나 겪지만, 그게 나한테 어떤 의미였는지 해석하는 과정이 더 중요하죠. 저는 제가 가진 물건들이 제 일상에 스며들었을 때 어떤 이야기를 만들어내는지 끊임없이 체크해요. 어쩌면 너무 복잡하게 의미 부여하는 걸 수도 있어요. 하지만 제 인생의 포커스는 '나답게 사는 것', 즉 타인과 구별되는 자신만의 인생을 사는 데 맞춰져 있거든요. 그래서 계속 되묻게 돼요. "이게

남들과는 뭐가 다른가?", "이게 정말 나다운가?" 하고요.

나다운 모습은 구체적으로 어떤 모습이에요?
기준은 사람마다 다르겠지만, 저는 겉으로 드러나는 스타일보다 '나만 할 수 있는 고유한 이야기인가?'를 더 중요하게 봐요. 에피소드 하나를 이야기하더라도 내가 두 발로 걸어가서 직접 겪은 일인가를 따져보는 식이죠. 제 차 생활에서 나다움을 찾자면 아까 말씀드린 '가벼움'과 '믹스'예요. 아주 진지한 전통 다구 옆에 눈, 코, 입이 달린 장난기 가득한 찻잔이 툭 놓여 있을 때, '그래, 이건 나밖에 못 하지. 나만 좋아할 수 있는 조합이야.'라고 생각해요.

규림 씨 책《매일의 감탄력》이 떠오르네요. 사소한 것에도 감탄과 과장을 잘해서 동료들에게 '김과장'이라 불린 적도 있다고요(웃음).
(웃음) 제가 기본적으로 깜짝깜짝 잘 놀라긴 해요. 워낙 물건을 좋아하는 사람이라 눈에 꽉 차는 예쁜 기물만 곁에 두거든요. 내 물건인데도 볼 때마다 "어떻게 이렇게 예쁘지? 어떻게 이런 형태를 만들었을까?" 하고 감탄해요. 예를 들어 6개월을 기다려 받은 다관이 하나 있는데, 열망의 시간이 길었던 만큼 볼 때마다 놀라워요. 이 시그니처 형태를 만들기 위해 작가님이 얼마나 많은 흙을 부수고 다시 빚었을까 상상하게 되거든요. 자스민차를 마시면서도 "인간은 어떻게 자스민을 차로 마실 생각을 했을까?" 같은 생각도 하고요.

작은 것에 감탄하는 능력은 일상을 풍요롭게 만들죠. 하지만 매번 같은 대상에 감동하기는 어렵지 않나요?
저도 늘 같은 대상에 같은 감동을 받을 수는 없죠. 그럼에도 불구하고, 저는 항상 새롭게 놀라며 살고 싶은 마음이 있거든요. 그래서 제가 만든 익숙한 환경 안에서 감탄을 찾되, 나머지는 완전히 새로운 환경에 저를 던지며 균형을 잡으려 해요. 제 기준은 늘 '7대3'이에요. 70퍼센트는 익숙한 것들 안에서 깊이를 발견하고, 나머지 30퍼센트는 새로운 자극에서 기쁨을 찾는 거죠. 만약 새로운 것의 비중이 너무 커지면, 오히려 '나다움'이 희미해지는 기분이 들어요. 반대로 하던 것만 계속하면 새로움이 고갈되고요. 그래서 올해 목표도 이 7대3의 비율을 잘 유지하는 거예요. 늘 마시던 차뿐만 아니라 새로운 차도 마셔보고, 늘 가던 가게뿐만 아니라 완전히 새로운 도시나 공간을 경험하며 새로움을 조금씩 주입하려고요.

한 인터뷰에서 즐기는 일을 오래 지속하기 위해 부단히 애쓰신다고 말씀하셨어요. 왜 마음이 가는 대상에 이토록 깊이 몰입하려 노력하시나요?

갈수록 무언가를 향한 뜨거운 에너지를 유지하는 게 참 어려워지잖아요. 제가 인생에서 가장 중요하게 생각하는 건 '좋아하는 것을 좋아한다고 말할 수 있는 용기'예요. 돌아보면 제가 새로운 삶의 스테이지로 나아갈 수 있었던 건, 늘 내가 무엇에 마음을 쏟고 있는지 세상을 향해 크게 외치는 것에서부터 시작됐거든요. 문구도 그랬고, 차도 마찬가지예요. 이 업계에 수십 년 계신 분들이 있는데 '감히 내가 좋아한다고 말해도 될까?' 하는 작은 망설임이 늘 있지만, 무언가를 아끼는 마음은 누구와 비교할 대상이 아니라고 생각해요. 내 취향을 밖으로 선언하면 친구들이 제 선물로 차를 사다 주는 작은 이득도 있고요(웃음). 넓게는 사명감과 책임감이 생겨요. 뱉어놓은 말이 있으니 기대에 부응하고 싶어 더 공부하고 자세히 들여다보게 되거든요. 좋아하는 걸 혼자 간직하기만 하면 금방 식거나 포기하기 쉽지만, 밖으로 꺼내는 순간 더 깊게 파고들 수 있는 환경이 저절로 구축되기도 해요. 이번 인터뷰도 '내가 이 주제를 다뤄도 될까?' 고민했지만, 내 안의 진심을 솔직하게 꺼내는 건 늘 좋은 결과로 돌아온다는 걸 믿기에 기꺼이 참여했어요.

사물을 탐구하고 감정을 정밀하게 살피는 과정이, 때로는 순수한 즐거움을 방해한 적은 없는지 궁금해요. 저는 알아가는 과정에서 지식이 쌓일 때 큰 쾌감을 느껴요. 오히려 차를 좋아하게 되면서 세상을 보는 레이어가 하나 더 생겨서 정말 좋아요. 세상을 걸러내는 그물망이 더 촘촘해지는 기분이랄까요? 예를 들어, 한 건축물을 볼 때 디자인적으로 예쁘다고만 생각할 수 있지만, 역사를 알게 되면 깊이감이 완전히 달라지는 것처럼요. 예전의 저라면 가지 않았을 차 박물관을 찾아가는 것도 인생을 다채로운 면모로 바라보게 된 재미 중 하나고요. 이번 대만 여행을 준비할 때도 챗GPT에 "차와 문구로만 3박 4일 일정을 짜줘."라고 주문했어요(웃음). 이전에는 주 관심사인 문구 위주로만 여행을 다녔겠지만, 이제는 문구와 차가 교차하는 일정이 짜이죠. 저는 무언가에 푹 빠진 사람들이 바라보는 세상이 부러워요. 새로운 필터로 세상을 보는 즐거움을 알기에, 계속해서 새로운 관심사를 탐색하며 제 일상을 풍성하게 채워가고 싶어요.

규림의 찻자리를
완성하는 곁들임

1. 명상용 기계, 붓다 머신

작고 투박한 기계는 단조로운 루프 음을 흘려보내며 차실의
공기를 순식간에 명상의 온도로 바꾼다. 복잡한 잡념을
지우고 싶을 때, 규림은 이 기계의 스위치를 켜고 고요를
즐긴다.

2. 책《다도와 일본의 美》

민예 운동의 선구자 야나기 무네요시가 100년 전에 쓴
책이지만, 규림은 이 안에서 지금의 고민에 대한 답을
찾는다. 유명 브랜드나 비싼 가격에 현혹되지 않고, 도구를
바라보는 정직한 시선을 길러주는 지침서.

3. 차 친구, 게와 코끼리 오브제

주로 혼자 차를 마시는 규림의 찻자리에는 귀여운 동료들이
함께한다. 진지한 다구들 사이에서 슬쩍 장난기를 보태는
게 모양의 오브제와 이국적인 색감의 코끼리 가네샤 인형.

I Like The Connection Named TEA

이음과 연결의 식탁

이지은―에디션덴마크 대표·브랜드 디렉터

원하는 만큼 티 필터에 찻잎을 담고, 뜨거운 물을 붓고, 찻잎에서 특유의 색깔이
뭉근하게 퍼지는 걸 바라보다가 일정 시간이 지난 뒤 버튼을 눌러 찻물을 내린다.
그걸로 족하다. 한동안 '차'란 경건하고 가지런한 태도로 다기를 갖추고 우려야 한다는
고정관념에 사로잡혀 있었다. 그 생각을 말끔하게 지워준 건 '에디션덴마크'였다. 분주한
아침에도, 잠이 쏟아지는 점심에도, 마음을 정돈하고 싶은 한밤에도 간편하게 차를 우릴
수 있다. 내 마음껏 찻잎을 넣고, 내 마음대로 온도를 조절해서, 내가 좋아하는 아무 잔에
따라 이토록 평범하고 일상적이게. 이 간단한 생활을 함께하고픈 사람들 얼굴을
떠올리다 보면 가끔 초대장을 쓰고 싶어지기도 한다. "우리 집에 차 마시러 올래?"

에디터 이주연(산책방) 포토그래퍼 최모레

중요한 건 차를 얼마나 정확하게 우리느냐가 아니라
소중한 사람과 차를 나눠 마시는 시간이에요.

순간을 살 수 있는 마음

(내어주신 차를 마시며) **이 차 정말 맛있네요. '씨브리즈SEA BREEZE', "여름 바다에 불어오는 산들바람"이란 소개가 귀여워요.**
오늘 날씨가 좋아서 아이스가 어울리는 차로 준비해 봤어요. 'A.C. 퍼치스 티핸들A.C. Perch's Thehandel'의 씨브리즈 티인데요. 그린루이보스를 베이스로 비타민 나무 열매로 불리는 씨벅톤과 과일, 꽃잎을 블렌딩한 산뜻한 차예요. 오래 우려도 쓰지 않고 카페인도 없어서 부담 없이 마시기에 좋아요.

청량한 대화를 나눌 수 있을 것 같은 기분이에요(웃음). 에디션덴마크가 어느덧 8년 차가 되었어요. 사람이라면 초등학교에 입학할 시기네요.
시간 참 빠르죠. 지난 8년간 정말 많은 일이 있었어요. 에디션덴마크는 단순함, 최상의 품질, 지속 가능성 세 가지 가치를 지닌 덴마크 제품을 한국에 소개하고 있어요. 대표적으로 덴마크 왕실 차 브랜드인 A.C. 퍼치스 티핸들의 프리미엄 티와 덴마크 양봉 장인이 만든 '대니시비키퍼스Danish Beekeepers'의 스페셜티 허니, 덴마크 로스터리 '커피콜렉티브Coffee Collective'의 스페셜티 커피 등이 있죠. 또한 에디션덴마크 테이블웨어, 커피 브랜드도 전개하고 있고요. 좋은 제품을 소개하고 싶다는 생각에 앞서 식탁에서 소중한 사람들과 식사하며 여유를 즐기는 덴마크의 일상적 가치를 전하고 싶다는 마음이 있었어요. 외부에서는 저희를 천천히 나아가는 브랜드라고 인식하는 것 같지만, 내부적으로는 좌충우돌도 많았죠. 초반에는 제로부터 브랜드를 만들어 가느라 정신없이 보냈고, 파트너가 세상을 떠나고 홀로 운영하게 된 4년 차에는 방황 아닌 방황을 하기도 했어요. 6년 차에는 브랜드를 다음 단계로 이끌어 가기 위해 전략적 투자를 유치하면서 구조적인 변화도 있었고요. 과도기도 있었지만, 그런 시기를 지나 이제야 좀 방향을 잡고 평온해진 시기예요. 안정기에 들어섰다는 생각이 들어서 '이젠 제대로 뭔가 해볼 수 있겠다.' 싶어요.

어떤 점에서 특히 안정감을 느끼셨어요?
사실 브랜드에 완성된 안정기가 있을 순 없기에 '비교적 안정기'라고 생각하는데요. 오랫동안 함께해 온 팀원들이 자리를 잡았고, 새로 합류한 팀원들도 오래 함께한 것처럼 무탈하게 하루하루를 보내고 있어요. 언제까지 이 평화가 유지될지는 모르겠지만 그래도 이제야 좀 뭔가 제대로 나아가는 듯한 느낌이에요. 올해는 '초심으로 돌아가자.'는 마인드로 자그마한 것부터 정비하려고 해요. 마음을 다잡고자 미뤄둔 사무실 리모델링 공사에도 돌입했죠. 깨끗한 사무실에서 대화를 나누고 싶어 부랴부랴 마무리 작업을 하고 오늘도 아침부터 청소하느라 바빴어요(웃음). 이것저것 고민하다 보면 영원히 리모델링이 끝나지 않을 것 같아서 데스크나 벤치 같은 맞춤 가구를 빨리 제작해 달라고 채근하기도 했죠. 원래 사무실은 한쪽을 물류 창고처럼 쓰고 미팅실도 따로 없는 공간이었는데요. 정리하고 나니까 한결 깔끔해져서 기분이 좋아요. 비록 지금은 어디에 뭐가 있는지 저도 잘 모르는 상태지만요(웃음).

공간 구조가 독특한데, 곡선에 맞춰 제작된 벤치가 참 예뻐요. 보라 색상도 눈에 띄고요. 에디션덴마크에 이어 지은 씨 소개도 들려주실래요?
제 소개를 하려니까 어렵네요(웃음). 조금만 생각해 볼게요. 음, 저는 보기보다 고집이 있는 편이어서 제가 추구하는 바나 가고 싶은 방향이 확고한 사람이에요. 누가 뭐라고 해도 하고 싶은 쪽으로 나아가는 성격인데, 또 제가 하고자 하는 영역 안에선 유동적인 사람이기도 하죠. 또, 어느 한 가지에 꽂히면 그것만 파고드는 성격이 강해요. 그러다가도 금세 다른 쪽으로 빠지기도 하고요. 사실 에디션덴마크가 나아가는 여정과 제 개인의 여정이 무척 닮았어요. 이리 갔다가, 저리 갔다가…. 근데 어디로 가든 집요하게 파고들고(웃음). 브랜드에 관한 것이든, 그 밖의 것이든 호기심이 많아서 궁금한 게 있으면 일단 들여다보고 뭐든 저질러보는 편이에요.

최근엔 어떤 것에 호기심을 가졌어요?
요즘 제 주제가 '잘 살고 싶다.'예요. 이전까지는 일에
엄청나게 많은 에너지를 쏟았거든요. 그러다 보니 뿌듯한
반면 힘든 시기도 있었죠. 에너지를 일에 다 쏟아붓고 나면
집에 돌아와선 완전히 소진돼 있거든요. 겨우 회복해서
다시 일하러 가고…. 그런 저를 되돌아보면서 이런 생활이
지속 가능하진 않겠단 생각이 들었어요. 그래서 최근엔
건강에 집중해서 웰니스 관련된 것들을 많이 찾아다녀.
식단도 해보고, 당류 안 먹기에 도전하고. 어떻게 하면
밸런스를 잘 찾을 수 있을까 고민 중이죠. 저를 너무
소진하고 나면 다음 날이 기다려지질 않더라고요.

**"덴마크의 여유를 당신의 식탁에"라는 슬로건이 필요한
때네요. 지은 씨는 덴마크에서 지내면서 '덴마크 사람들은
어떻게 이렇게 행복하지?'라는 생각을 하게 되셨다고요.**
그 당시에는 충격을 받거나 감탄하기 바빠 그들의 모습을
제 언어로 정리할 생각도 못 했는데요, 지금 돌아보면
'순간을 살 수 있는 마음'을 가졌다는 게 제게 충격을
주었던 것 같아요. 행복의 반대 상황은 무언가가 걱정되고,
마음에 걸리는 게 있어서 불안한 상태일 거예요. 그런데
덴마크 사람들은 그런 걱정에서 한 발 물러나 '지금
이 순간'에 머물 여유를 가지고 있더라고요. 미래를
향한 막연한 두려움이 덜하기 때문에 가능한 태도라고
생각해요. 그런 마음가짐으로 살아가기에 지금 내가 진짜
하고 싶은 것들을 하면서 지낼 수 있는 것 같더라고요.
아무래도 사회 복지가 탄탄한 덕이 크겠지만, 어쨌든
순간에 머무는 마음가짐이 덴마크 사람들을 행복하게
만드는 게 아닐까 싶었어요.

그들의 행복을 목도하고 나서 어떤 변화가 있었나요?
저도 순간을 보려고 노력하게 됐어요. 덴마크에 살 때는
주변이 모두 그러하니 저도 절로 그렇게 되곤 했는데
아무래도 사회적인 인간인지라 한국에선 주변 상황에 따라
흔들리고 불안해지곤 해요. 저도 모르는 새 세상에 물들어
있기도 하고요. '이거 안 하면 뒤처지는 거 아닐까?' '나도
투자를 해봐야 하나?' 그런 불안감에 사로잡힐 때도 있지만
막무가내로 흔들리기보단 중심을 잡는 데 집중하려고
해요. 제가 원하는 삶이 어떤 모습인지 그려보면서 나만의
기준을 만드는 걸 중요하게 생각하고 있죠. 아직 그 기준은
세워가는 중이지만요.

**덴마크인 선생님, 학생과 함께하는 디자인 서머스쿨을
이수하면서 선생님께 "너를 좀 더 사랑하게 되면
좋겠어."라는 이야기를 듣고 덴마크행을 결심하셨다고요.
그 말이 마음에 와닿은 이유가 있었나요?**

디자인 서머스쿨 이전까진 덴마크라는 나라의 존재만
알 뿐, 어떤 곳인지에 관해서는 전혀 아는 바가 없었어요.
그런데 디자인 서머스쿨에서 받은 교육이 제가 그간
받아온 주입식 교육이랑은 너무 다른 거예요.
제 가치관과 전혀 다른 방향을 향해 있어서 충격적인
동시에 흥미로웠어요. 덴마크로 향한 건 호기심
때문이었어요. '어떻게 이런 사고를 할 수 있지?
이런 사람들이 사는 나라는 어떨까?'라는 생각이
따라붙거든요. 생각해 보면 호기심은 학창 시절부터
저를 움직이는 동력이었네요.

특히 어떤 점이 흥미로웠어요?
우리는 곧잘 남들과 비교하거나 비교당하곤 해요. 지금은
그렇지 않지만, 옛날엔 전교생 등수가 공개되기도
하고 누가 몇 점을 받았는지가 굉장히 중요했잖아요.
보호자에게 칭찬받으려면 더 잘해야 하고, 더 멋진
학생이 되어야 하고, 모범적이지 않으면 안 되고….
저도 그런 사고로 지내왔기 때문에 한 번도 '나 정도면
충분하지.'라든가 '난 너무 잘해!' 같은 생각은 해본
적이 없어요. 항상 공부도 더 잘해야 하고, 더 예뻐져야
하고, 더 우등생이 되어야 한다는 강박에 갇혀 있었고요.
새해 목표는 매번 '난 이런 걸 못하니까 올해는 이걸 좀
잘해보자.' 같은 것들이었죠. 근데 디자인 서머스쿨에선
'더 잘한다'는 가치가 전혀 중요하지 않더라고요. 선생님이
칠판에 글씨를 쓰다가 스펠링이 틀려도 개의치 않아요.
스펠링 한 자 한 자보다는 소통하는 게 더 중요하다는
마인드인 거죠. 성적으로 비교하기보단 함께 의견을
내고 모두의 아이디어로 뭔가를 만들어 가는 과정을 더
중요하게 생각해요. 그런 마인드가 늘 신기했는데, 한번은
'Kill Your Darling'이라는 걸 해보자고 하시더라고요.
수업에서 공들여 만든 자기 작품을 떨어뜨려서 부수는
과정이었는데 엄청나게 충격적이었어요. 애써서 만든
결과물을 눈앞에서 없애라니! 제가 그동안 받아온
수업과는 완전히 달랐어요.

**오, 신선한 충격인데요. 덴마크 사람들은 대체로 '이런'
분위기와 마인드인가요?**
일반화할 순 없지만 제가 만난 사람들은 대부분 그랬어요.
자기 자신에 대한 중심, 확신이 있어서 자존감이 높았죠.

지은 씨도 영향을 받았나요?
엄청 받았죠. 제가 덴마크에 간 게 만 20세니까 자아가 갓
형성되는 시기였어요. 그러다 보니 영향을 더욱 크게 받게
됐는데, 에디션덴마크를 함께 시작한 요한 풀스비야와
스무 살 때부터 긴 시간을 함께 생활했거든요. 일상을

같이하다 보니 더 크게 영향을 받았어요. 그 친구와 함께하며 경험한 게 참 많아요. 덴마크인 친구, 가족, 삶…, 파트너가 아니었다면 제가 덴마크인들과 깊이 연결되긴 어려웠을지도 몰라요. 덴마크에서는 인턴으로 반년 정도 생활하고 한국으로 돌아왔는데요. 덴마크 문화와 어느 정도 연결되었기 때문인지, 다시 덴마크에 가고 싶어서 대학교 과정을 빨리 마치고 또 한 번 가게 됐어요. 그 이후 3년을 채우고 한국으로 돌아왔죠.

덴마크에서 브랜드를 론칭하고 싶단 생각은 없었나요?
덴마크를 좋아하는 만큼 한국도 좋아하기 때문에 고민이 많았어요. 한국에 있는 게 덴마크엔 없고, 덴마크에 있는 게 한국에는 없어서 어디에 머물든 늘 만족과 아쉬움이 함께였거든요. 둘 중 하나를 정해야 한다면, 제가 나고 자란 한국에 덴마크의 가치를 들여오면 어떨까 생각하면서 에디션덴마크를 만들게 됐어요.

"덴마크의 여유를 당신의 식탁에"라는 슬로건을 두고 있어요. 여유는 한가하다는 의미 같기도 하지만, 사실 몸과 마음이 바쁠 때도 여유를 느끼는 순간이 있잖아요.

지은 씨가 생각하는 여유는 어떤 모습이에요?
말씀하신 것처럼 주관적인 요소라고 생각해요. '덴마크의 여유'라고 표현했지만 덴마크 사람들도 바쁘게 살거든요. 아이 키우는 집을 예로 들면, 한국이랑 마찬가지로 눈코 뜰 새 없이 바빠요. 눈 뜨자마자 아이들 깨우고, 밥 먹이고, 바쁘게 출근 준비하고, 아이를 맡기고 회사에 가는 식이죠. 덴마크는 근무 시간이 길지 않아서 오후 4시면 거의 모든 회사가 끝나는데요. 그러다 보니 주어진 시간 내에 몰입해야 해서 더욱 바쁘게 움직이게 돼요. 점심시간도 30분밖에 안 돼서 간단하고 빠르게 식사를 해결해야 하고요. 그럼에도 '덴마크의 여유'를 떠올린 건, 점심시간이 30분이라고 해서 책상 앞에 앉아 모니터를 보며 허겁지겁 식사하는 문화는 아니기 때문이에요. 30분일지라도 식사 시간을 잘 챙기고 굉장히 즐기거든요. 하루가 바쁘게 흘러가더라도 의식적으로 잘 채워서 보내는 걸 보면서 여유를 느끼곤 했어요. 퇴근 후에도 아이를 픽업해서 장을 보고, 식탁을 차리기 위해 요리하는 시간을 소중하게 여겨요. 아이가 잠들면 자기만의 시간을 보내는 것도 놓치지 않고요. 이런 문화가 형성된 건, 마음의 여유에서 온 게 아닐까 싶더라고요.

EDITION
DENMARK

차는 누군가와의 연결을,
연결이 가능한 시간을 선물해 주는 존재예요.

우리 차 한잔하자

이번 호 주제어가 '차'예요. 차 하면 자연스럽게 여유가 떠오르는데, 왜 이런 이미지가 따라붙는 걸까요?
차를 마시려면 어느 정도의 시간이 확보되어야 해요. 마실 차를 고르고, 물을 끓이고, 우리는 시간이 절대적으로 필요하거든요. 그런 한편, 시간적 가치를 넘어 나를 위해 5분일지라도 할애하는 심리에서 여유가 생기는 게 아닐까 싶어요. 타인에게 대접하는 것도 그렇지만 특히 나를 위해 차 시간을 마련한다는 건 일정 수준의 여유가 없으면 안 되는 일이니까요. 마시는 행위도 그래요. 특히 따뜻한 차일 때는 호흡을 고르면서 온도를 느끼며 마셔야만 하잖아요. 그러면서 내 시선이 차를 향해 가다 보니 여유를 누릴 수밖에 없는 거죠.

에디션덴마크는 덴마크에 뿌리를 두고 브랜드를 전개해 나가면서 A.C. 퍼치스 티핸들 차 제품을 큐레이션하고 있죠. '차'라는 카테고리가 하나의 줄기를 담당하는 셈인데요. 지은 씨에게 차는 어떤 의미인가요?
사실 덴마크에 가기 전까지는 큰 관심이 없었어요. 어디서든 접할 수 있는 평범한 음료라고 여긴 것 같은데, 덴마크에서 지내면서 차의 일상적인 쓰임을 알게 됐어요. 예컨대 미팅할 때 항상 차를 내어드린다거나 누군가를 집으로 초대해 차를 대접하는 등의 모습을 보면서요. 그런 문화 속에 살게 되면서 저도 차를 사보고 경험하게 되니까 좋아하는 사람을 초대해 차를 내어주는 일상을 자연스럽게 받아들이게 되더라고요.

처음 '맛있다!'고 느낀 차 기억하세요?
눈이 '번쩍' 뜨일 정도의 차를 마신 건 덴마크 국내 여행을 할 때였는데요. 경치가 무척 아름다운 한 섬의 카페에 들어가게 됐는데, 거기서 마신 A.C. 퍼치스 티핸들의 '쿨허벌COOL HERBAL'이 정말 맛있었어요. 한 모금 마시자마자 "이거 무슨 차야?" 하고 되물을 정도로 저를 놀라게 한 맛이었죠. 달콤하고 상쾌한 맛에 반해서 그 이후로 쿨허벌을 굉장히 많이 마셨어요.

저도 얼마 전에 선물 받은 차인데, 따듯하게 마셨는데도 시원하고 달콤한 맛이 매력적이더라고요. 노란 케이스도 정말 예뻤고요. 지은 씨는 차의 매력이 뭐라고 생각하세요?
쿨허벌이 잘 맞으셨다니 덩달아 기분 좋은데요(웃음). 차는 맛으로만 따져도 엄청나게 다양해요. 에디션덴마크는 찻잎 그대로의 제품뿐만이 아니라 다양한 재료를 블렌드한 차도 많이 선보이고 있어요. 블렌딩 방법에 따라 맛이 무궁무진해진다는 점에서 차의 세계가 정말 다양하다는 걸 느껴요. 그 덕에 상황에 따라 마시는 차도 디테일하게 나눠볼 수 있죠. 날씨에 따라 달라지겠지만, 아침에 눈 떴을 땐 얼그레이EARL GREY가 잘 어울리고요. 점심 먹고 나른해질 즈음엔 씨브리즈나 그린팰리스GREEN PALACE, 화이트템플WHITE TEMPLE을 주로 마셔요. 식사하고 나서는 섬세한 향이 나는 차가 특히 좋더라고요. 잠들기 전엔 루이보스바닐라ROOIBOS VANILLA 마시는 걸 제일 좋아하고요.

저한테 차는 식수용과 디저트용으로 나뉘어요. 실제로 많은 사람이 보리차나 둥굴레차류는 식수로도 활용하는 반면, 유럽 차는 디저트로 삼곤 하죠. 왜 이런 구분이 생기는 걸까요?
문화적인 차이가 아닐까 싶어요. 우리는 보리차를 끓여두고 물 대신 마시는 문화가 있었잖아요. 여전히 식당에서도 차를 물 대신 내어주는 곳이 많고요. 그래서 음식과 자연스럽게 같이 마시게 되는데, 그러다 보니 식수 대용이 된다고 여겨지는 것 같아요. 반면, 유럽 차에는 향이 있다 보니까 유럽인들은 식전이나 식후에 마시곤 해요. 음식과 차의 향이 부딪치는 경우가 많으니 자연스럽게 그렇게 된 것 같아요.

유럽 차는 확실히 '향'에 포인트가 있는 듯해요. A.C. 퍼치스 티핸들 제품도 향을 맡을 때 기분이 참 좋은데요. 브랜드에 관해 조금 더 소개해 주실래요?
A.C. 퍼치스 티핸들은 덴마크 차 문화의 역사를 담고

이어져 오는 티 브랜드예요. 1835년에 덴마크 코펜하겐에
문을 연 곳으로, 덴마크 왕실 공식 차 조달 업체이기도
하죠. 저는 A.C. 퍼치스 티핸들이라는 브랜드를 굉장히
존중해요. 7대가 이어온 브랜드라는 것도 그렇고,
오랫동안 운영해 오면서 투자를 받지 않았다는 것도
그렇고, 190년가량 된 티 숍을 유지·보수만 하고 거의
그대로 이어가고 있다는 것도 그렇죠. 워낙 긴 세월을
지나왔으니 어떻게 보면 아예 새롭게 고치는 게 더 쉬운
선택일 수 있고 대를 이어왔더라도 어떤 세대에서는 이전
분위기를 잇고 싶지 않을 수도 있잖아요. 그런데 A.C.
퍼치스 티핸들은 자본 개입 없이 브랜드 철학을 온전히
한 집안이 이어온 거예요. 저는 그 점이 굉장히
대단하다고 봐요.

**그런 브랜드를 한국에 들여오면서 상상한 미래가 있었을
것 같아요.**
제가 덴마크에서 차를 알게 되고 제 삶에 들인 것처럼
한국 사람들도 일상에서 쉽게 차를 즐기고 마시는 문화를
만들어 가길 바랐어요. 제가 처음 마시고 '아!' 했던 A.C.
퍼치스 티핸들이 그 역할을 해주면 좋겠다고 생각했고요.

**일상에서 쉽게 차를 즐기길 바란다고 하셨는데,
그래서인지 에디션덴마크 티포트는 확실히 간편해요.
손동작 몇 번만으로 차를 우려낼 수 있다는 게 매력적이죠.**
에디션덴마크는 격식 차리지 않고도 간편하게 차를 우리길
바라면서 오리지널 제품들을 만들어 가고 있어요. 그래야
차를 나눠 마시는 것도 일상적 가치가 될 수 있을 테니까요.
차는 약 5천 년 전에 중국에서 시작되었다고 전해지는데,
유럽에 차가 들어온 건 17세기 초예요. 차 문화는 영국에서
왕족·상류층을 시작으로 확산되고, 덴마크도 18세기 초에
중국과 직접 무역을 시작하면서 도시 시민 문화 속에서
나눠마시는 일상적인 음료로 자리 잡았어요. 저는 그 '나눠
마신다'는 가치가 유난히 와닿더라고요. 차는 취향껏 마실
수 있다는 점이 좋아요. 특별한 레시피를 따라야 한다고
생각하기보다는 엄청 큰 티포트에 티 필터를 올리고,
원하는 만큼 찻잎을 담아 우리는 걸로 충분해요. 차를
다룬다고 해서 꼭 차에 관해 더 잘 알아야 하고, 정확하게
내려야 한다는 압박이 없어서 더 즐겁게 브랜드를 운영할
수 있다고 생각해요. 실제로 에디션덴마크에서는 원하는
대로 우려도 괜찮은 차를 소개하고 있고요.

지은 씨가 생각하는 차의 궁극적인 역할은 무엇인가요?
음…, 제가 원하는 차의 역할은 중심이 아닌 매개체예요.
중요한 건 차를 얼마나 정확하게 우리느냐가 아니라
편안한 분위기에서 함께 나눠 마시는 행위거든요.

차 마시는 시간을 선택함으로써 여유를 만들어 내는 게
좋아요. 나 홀로 시간을 즐기거나, 사람들과 모일 때도
"차 한잔하자."는 말이 여유의 매개가 될 수 있으니까요.
차는 그런 시간을 보내는 동안 조연으로 식탁을 빛내주는
존재가 될 테고요. 일상적이면서도 귀한 시간에 함께하는
매개로서의 차. 그런 역할로서의 차를 다루고, 또 소개하고
싶어요.

**그런 경험이 가능한 곳이 에디션덴마크 쇼룸이죠.
쇼룸이라 이름 붙인 것도 카페만을 목적으로 한 게
아니라 우려서 마시는 법을 알려주고 차를 매개로 손님과
소통하기 위해서였다고 들었어요. 그래서 직원들도
'에디터'라 칭하고요.**
맞아요. 에디터는 에디션에서 따온 명칭인데요. 저희는
브랜드의 허들을 낮춰서 소개하고 싶다는 마음이 컸어요.
에디터들은 차에 관한 기본적인 정보를 숙지하고 제품마다
어떤 재료가 블렌딩 되어 있고, 어떤 특징이 있는지를
손님에게 소개해 줘요. 손님이 원하는 맛이나 분위기가
있다면 거기에 맞는 차를 안내해 주기도 하고요. 세세한
가이드를 두고 소통하기보다는 제품에 대한 이해도를
바탕으로 에디터가 관찰한 부분을 소개하는 식이죠.
맛이라는 게 주관적이다 보니 생각하는 바가 다를 수도
있는데, 우리 에디터들은 그 싱크가 서로 잘 맞춰져
있어요. 어떨 땐 저도 에디터들 소개에 현혹되곤 해요(웃음).
소개를 워낙 잘하니까 저도 보고 들으면서 배우는 게 있죠.
'아, 나도 다음엔 저렇게 소개해 봐야겠다!' 하면서요.

**오프라인 공간에서 첨예하게 알게 되는 고객 반응도
있을 것 같아요.**
에디션덴마크는 물류팀과 오피스팀, 오프라인 경험팀으로
나뉘어요. 물류팀은 물류를, 오피스팀은 온라인, 유통,
B2B, B2C 등의 업무를 담당하고, 오프라인 경험팀은
오프라인 매장 관리와 현장에서 실시간으로 일대일
고객 응대를 하죠. 오피스에서 이러저러한 지표를 두고
분석하는 것은 브랜드 운영에 무척 중요한 일인데 때때로
오프라인에서 정답을 얻을 때가 있어요. 전문적인 지표는
아니지만 손님들 반응을 직접 느끼면서 손님들이
이런 부분에서 불편해하시는구나, 이런 걸 헷갈리고 또
이런 요소를 좋아하시는구나, 하고 직접 보면서 깨닫는 게
있거든요.

**올 초에 프리츠한센과 녹사평에 세 번째 매장도
오픈하셨죠.**
매장 오픈으로 정말 분주한 시간을 보냈어요. 서촌 쇼룸과
덴마크식 음식을 선보이는 성수 '밋보어'에 이어 덴마크

브랜드인 '프리츠한센FRITZ HANSEN'과 함께하게 된 매장이에요. 성격이 각기 달라서 운영이 쉽지는 않지만, 매장을 좀 더 늘려보면 어떨까 싶은 생각을 하던 차에 프리츠한센에서 오프라인 매장을 제안해 주셨어요. 프리츠한센과 A.C. 퍼치스 티핸들은 시작 시기가 비슷해요. 둘 다 지금까지 굳건히 이어져 온 브랜드이고, 제가 굉장히 좋아하는 브랜드이기도 하죠. 에디션덴마크의 시작을 프리츠한센과 함께하기도 해서 여러모로 연이 있는데 함께 세 번째 매장을 오픈하게 되었다는 게 무척 뜻깊어요. 완성된 공간도 만족스럽고요. 프리츠한센 가구가 공간을 채우고, 손님들은 자연스럽게 가구를 체험하면서 에디션덴마크가 소개하는 음료와 빵도 경험할 수 있죠. 세 매장이 모두 성격은 다르지만 공통점이 있다면 자연스럽게, 스며들듯 덴마크의 문화와 여유를 누려볼 수 있다는 점이에요. 세 번째 공간은 그 시간을 프리츠한센의 가구로 채워진 공간에서 즐긴다는 게 특징적이죠. 브랜드를 소개하는 데 집중한 공간이 아니기 때문에 편하게, 동네 카페 가듯 들러서 머물다 가시기를 바라는 마음이에요.

차 문화가 이전보다는 많이 부상했지만 여전히 우리는 커피를 조금 더 일상적으로 찾는 듯해요. 지은 씨는 차를 대중화시키고 싶다는 생각도 있나요?
그럼요. 에디션덴마크가 소개하는 브랜드들이 엄청 대중적인 브랜드는 아니라고 생각하는데, 그래도 여기서

한 발 더 나가볼 수 있지 않을까 기대하고 있어요. 그런 의미에서 재작년 11월엔 A.C. 퍼치스 티핸들을 단독 브랜드로 론칭했어요. 에디션덴마크에서 여전히 큐레이션하는 브랜드지만 독립시켜서 '스스로 잘 커보아라.' 하는 마음을 더한 거죠. 독립시킨 이유 중 하나는 브랜드 정체성을 헷갈리는 분이 많아서이기도 해요. 에디션덴마크가 만든 티 브랜드로 잘못 아는 분도 있고, 에디션덴마크와 A.C. 퍼치스 티핸들의 관계가 어떻게 되는지 궁금해하는 분도 있더라고요. 정확히 짚고 가자면, 에디션덴마크는 덴마크의 라이프스타일을 소개하는 큐레이션 브랜드이자 플랫폼 역할을 하고 있는데요. A.C. 퍼치스 티핸들은 저희가 큐레이션하는 브랜드 중 하나예요. 유통 채널에 A.C. 퍼치스 티핸들을 입점한 시도는 대중화 목적이 가장 컸어요. 저희가 독점으로 수입·유통하는 건 동일하지만, 저희 플랫폼에서만 다루는 게 아니라 사람들이 많이 사용하는 쿠팡, 올리브영의 웰니스 플랫폼인 올리브베러 등 대형 플랫폼에도 입점해서 접근성을 높였어요.

브랜드 이야기를 듣다 보니 궁금해지는데, 덴마크의 여유를 소개하고 싶다는 마음이 왜 '식탁'을 중심으로 확장되었나요?
저에겐 덴마크인의 식탁이 그들의 삶을 지탱해 주는 중심처럼 느껴졌어요. 물론 외식비가 비싸서이기도 하지만 집에 초대받는 일이 정말 많았거든요. 집에서

함께 요리를 해 먹거나, 준비한 음식을 나눠 먹거나, 꼭
음식이 아니더라도 차나 커피를 마시면서 대화하는 문화로
여유와 삶이 지탱되더라고요. 뭔가를 함께 먹고, 마시고,
나누는 행위가 사람과 사람을 연결해 주는 매개가 된다는
걸 깨닫고 나니 식탁을 중심으로 브랜드를 확장해 보고
싶어졌어요.

**저도 언젠가부터 차에 관심이 생겼는데 설명만 보고는
선뜻 차를 고르기가 어렵더라고요. '이런 사람에게 이런
차를!' 추천해 줄 만한 느슨한 가이드가 있을까요?**
경험해 보지 않고서는 취향을 알기가 어려워요. 쿨허벌이
저희 베스트셀러 중 하나인데 쿨허벌의 특징인 감초
맛을 선호하지 않는 분도 계세요. 열 명 중 여덟 명은
맛있다고 하지만 '못 마시겠다.'면서 불호를 드러내는
한두 분도 있으니까요. 그래서 특정 차를 추천하기에
앞서 경험해 보시라는 이야기를 남기고 싶어요. 대중적인
차를 마셔보면서 '나는 루이보스가 마음에 든다.' 하면
루이보스가 블렌딩 된 차를 마시며 취향을 좁혀가는
거예요. 혹은 감초가 입에 안 맞으면 감초가 들어가지 않은
차를 찾는 식으로요. 차의 세계가 워낙 다양하다 보니
경험해 봐야 알 수 있는 점이 참 많아요. 잘 안 맞는다고
생각한 재료가 차로 접했을 땐 잘 맞는 경우도 있거든요.
그래서 저희가 마련한 것 중 하나가 'A.C. 퍼치스 티백
디스커버리 세트'예요. 아직 취향을 잘 모르는 상태에서
한 종류의 티를 2-3만 원 주고 사려면 부담스럽잖아요.
선뜻 구매할 금액은 아닌 것 같아서 한 번에 경험할
패키지를 마련하면 어떨까 싶더라고요. 그래서 A.C.
퍼치스 티핸들의 코어 라인을 모두 경험해 볼 수 있도록
8종을 하나씩 담아 올인원 패키지를 마련했어요. 쿨허벌,
루이보스바닐라, 화이트템플, 저스트프룻, 씨브리즈,
얼그레이, 카모마일, 그린팰리스 티백이 한 개씩 담겨
있어서 취향을 찾는 데 도움이 될 거예요.

**아마추어의 궁금증인데요, 티백은 간편하지만 잎차보단
오리지널리티가 떨어진단 생각이 들기도 하거든요.
두 방식엔 어떤 차이가 있어요?**
티백은 가공을 해야 하다 보니 용량이 제한돼 있어요. 엄청
큰 잎차는 티백으로 만들기가 어려워서 티백으로 만날 수
있는 차 종류는 한정된 편이죠. 또, 티백은 한 차례 가공이
들어가다 보니 생산 비용이 좀 더 높아서 단가를 맞추기
위해 비교적 대중성 있는 차로 만들어지는 경우가 많아요.
가공 방식만 다를 뿐 둘 다 같은 재료로 우리는 차이기
때문에 큰 차이는 없어요. 저는 잎차와 티백 모두
잘 마시는데 티백은 이동할 때 가지고 다닐 수 있고,
어디서든 마실 수 있을 만큼 간편해서 좋아요. 반면,

잎차는 티백보다는 공정이 필요하지만 용량을 원하는 대로
조절할 수 있다는 게 장점이죠. 연하게 마시고 싶으면 잎을
조금만 넣고, 진하게 우리고 싶을 땐 많이 넣는 식으로요.
취향을 디테일하게 맞출 수 있다는 점이 좋아요.

**핸드드립 커피는 레시피를 정확히 따르면 더 맛있게
내려진다고 하는데, 차는 레시피에서 비교적 자유로운
편인가요?**
저는 취향에 맞춰 물과 찻잎을 조절하는 게 가장 맛있는
차라고 생각하지만 에디션덴마크 쇼룸에서는 차와 커피를
판매하는 만큼 우리만의 레시피가 필요해요. 그래서
매 제품 신중하게 테스트를 해보고 가장 맛있는 비율을
까다롭게 정리해서 내어드리고 있죠. 테스트를 수도 없이
거쳐서 레시피를 만드는데 그게 정답이라고 생각하진
않아요. 찻잎을 우릴 땐 온도를 지키는 게 중요하지만
그보다 중요한 건 취향에 맞춰서 우리는 거라고
생각하거든요. 저는 차를 진하게 우리는 걸 좋아해서
제 레시피엔 항상 찻잎이 많이 들어가는데요. 한 번은
아주 연하게 내린 화이트템플을 지인에게 대접받은 적이
있는데 예상치 못한 매력이 있더라고요. 결국 차는 여러
종류를, 여러 방식을 경험하면서 내게 가장 잘 맞는 것을
찾아나가는 게 재미라고 봐요. 내 레시피를 만들었더라도
더 좋은 레시피를 발견하게 될 때도 있으니까요.

**차와 디저트를 페어링하는 것도 하나의 레시피가
될 텐데요. 추천하고 싶은 페어링 있어요?**
웰니스에 집중하면서 당류 안 먹기가 한창이라 최근엔
디저트를 잘 안 먹었는데… 지금 떠오르는 조합은
퉁카번과 얼그레이 조합이에요. 조금은 달다 싶은 빵류에
단맛을 깔끔하게 잡아주는 차를 마시니까 잘 어우러져
좋더라고요. 같은 관점에서 케이크에 루이보스바닐라를
함께 마시는 것도 좋아해요. 개인적으로 달고 꾸덕꾸덕한
디저트를 좋아해서 디저트와 함께 마실 땐 깔끔한 차를
찾게 되더라고요.

**차 이야기를 할 때 지은 씨는 참 편안해 보여요.
좋아하는 일을 업으로 삼으면 실망하게 된다는 속설도
있는데, 지은 씨는 아닌 것 같아서 궁금해지는데요.
어때요?**
이런 삶을 살고 있다는 데 늘 감사해요. 저는 일상과 일에
어느 정도 교집합이 있는 걸 이상적이라 생각하는데
그렇게 살고 있다고 자주 느껴요. 저를 위해 떠난
여행에서 에디션덴마크를 생각하며 F&B 공간을 찾고,
개인적인 취향으로 방문한 공간에서 일과 관련된
커넥션을 만들기도 하죠. 제가 좋아하는 나라에서,

좋았던 공간에서 기쁨을 누리고 끝나는 게 아니라 에디션덴마크로 협업하고 연결된다는 건 설레고 감사한 일이에요. 저는 학창 시절부터 '내가 좋아하는 일을 하면서 살자.'고 생각했어요. 학창 시절에도 호기심이 많아서 관심사를 디깅하는 일이 잦았는데요. 한번은 음악 영상 만드는 분을 만나게 됐는데, 그분이 좋아하는 일을 하고 살라는 이야기를 해주셨거든요. 그 말이 머릿속에 오래 남더라고요. 좋아하는 일을 하면서 사는 분이 해주신 말이라 더욱 와닿았고, 그 이후 제 안의 신념이 확고해졌죠. 그 이전엔 무조건 명문대에 가야 하고, 대기업에 들어가서 잘 닦인 성공한 삶을 살아야 한다고 생각했지만 자기 일을 사랑하는 사람을 만나서 대화하고 보니까 그게 제가 진짜 가야 할 길임을 알겠더라고요.

좋아하는 일을 더 잘하기 위해 국내외 여러 공간을 탐구하셨을 것 같은데, 기억에 남는 특별한 공간이 있나요? 저는 한 가지를 전문적으로 하는 곳보다 여러 영역을 복합적으로 하는 브랜드에 흥미를 느껴요. 자기만의 개성과 캐릭터를 만드는 곳들이죠. 최근 뉴욕에 일주일 정도 다녀왔는데, '콜보Colbo'의 오프라인 공간이 무척 인상 깊었어요. 의류 브랜드인데 공간이 크지 않거든요. 근데 이벤트가 정말 많이 열려요. 디제잉도 하고, 작지만 카페 공간도 있고, 콜보 옷뿐 아니라 결이 맞는 브랜드를 큐레이션하여 판매하기도 하죠. 빈티지 의류도 있고요. 작은 공간 안에 콜보만의 세계를 펼쳐놓은 것 같아서 흥미롭더라고요. 이전에도 뉴욕 가면 들르던 곳인데요. 하루는 날씨가 좋을 때 바깥에서 스트리트 음식을 판매하고 나눠 먹는 이벤트를 본 적이 있어요. 와인으로 행사를 여는 것도 봤고요. 그런 자유로운 교류와 분위기가 참 좋았어요. 사람을 끌어당기는 브랜드의 힘, 커뮤니티를 만드는 힘에 관해 느낄 수 있었죠. 에디션덴마크도 명확한 가치관을 두고 거기에 끌리는 이들을 모으는 커뮤니티를 만들어 나가고 싶다는 생각을 많이 하게 됐어요.

에디션덴마크에서도 간간이 행사를 하고 있죠. 단골인 김종관 감독님이 하이볼 행사를 열기도 했고요. 서촌 쇼룸은 원래 하나의 공간만을 사용했는데, 바로 옆에 공간 하나를 더 만들면서 '에디터스 룸'이라는 이름을 붙였어요. 거기서 에디터들이 좋아하는 뭔가를 해보기도 하고, 서촌 이웃분들과 행사를 만들기도 했죠. 다양한 커뮤니티로 확장하고 싶어서 이러저러한 시도를 해봤는데 생각만큼 많이 하진 못했어요. 앞으로 해보고 싶은 게 참 많아요. 예컨대 덴마크에서 브랜드 오너와 대화를 하게 되면 저는 항상 엄청난 에너지를 받고 와요. 왜 이 브랜드를 시작했고, 어떤 여정을 거쳐 왔고, 어떤

방향으로 나아가고자 하는지, 브랜드를 시작한 사람의
입으로 듣는 건 가슴 설레는 일이거든요. 이런 에너지 있는
브랜드를 적극적으로 소개하고 싶다는 마음이 있어요.
단기 이벤트나 팝업은 물론이고 토크 같은 방식도 염두에
두고 있죠. 마침 올해 4월엔 덴마크의 브루어리와 협업이
예정돼 있어요. 사회적 기업처럼 운영하는 곳이라
그 스토리가 흥미롭더라고요. 토크 자리를 마련해서 오너
이야기를 조금 더 깊이 있게 전해보려고요. 앞으로도 아직
알려지지 않은 덴마크 브랜드와 협업해 보고 싶어요.
브랜드 철학을 더 잘 보여줄 방법을 고민해서 다양한
자리를 만들어 볼게요.

**작년에는 덴마크로 진출하여 행사에 참여하기도
하셨는데, 덴마크에 뿌리를 두고 있는 만큼 감회가
새로웠을 것 같아요.**
엄청나게 뜻깊은 경험이었어요. 저희 브랜드는 덴마크를
다루기 때문에 한국에서 관심받는다고 생각하는데요.
반대로 덴마크의 가치를 덴마크로 들고 간 거였는데도
많은 사람이 흥미로워하시더라고요. 덴마크인뿐
아니라 전 세계 사람이 관심과 흥미를 보이는 게 참
신기했어요. 덴마크로 진출하는 데 오랜 시간이 걸릴
거라고 생각했는데, 좋은 제안으로 생각보다 이른 시기에
다녀오게 되었어요. 그 경험을 계기로 덴마크에서의
활동도 긍정적으로 검토하게 됐죠. 올해 초에는
에디션덴마크의 5개년 목표를 세워보았는데, 5년 뒤엔
코펜하겐에 오프라인 매장을 내는 꿈도 꾸게 됐어요.
천천히 생각하면서 계획해 보려고요.

**에디션덴마크는 점차 그 무대를 세계로 넓혀갈 것
같아요. 에디션덴마크 재팬으로 글로벌 진출을 시작하기도
했죠.**
일본 진출은 생각보다 글로벌 시장에 접근하는 게 쉽지
않다는 걸 경험한 계기이면서 더 잘하고 싶다는 욕심을
만들어 준 경험이기도 했어요. 팝업도 두 차례 진행했고
'띵크오브띵즈'라는 브랜드와 협업해 제품을 만들면서
다양한 경험도 하게 됐죠. 그 이후에도 해외에서 큼직한
프로젝트를 많이 하게 됐는데, 그러면서 새로운 고민이
생기더라고요. 더 큰 무대만을 그리면서 마음부터 앞서
나가지 않도록 해야겠다는 생각도 들었고요. 보폭을
넓히기 전에 내실을 잘 다져야 한다는 걸 깨달은 거죠.
다양한 국가에서 관심을 가져주시는 만큼 더 단단한
브랜드를 보여드리고 싶으니까요. 이를 위해서는 한국에서
저희 입지와 뿌리를 잘 다져 나가면서 큰 프로젝트에
몰두하느라 놓친 부분을 정비하는 시간이 필요하다고
봐요. 올해는 신경 쓰지 못한 작은 부분부터 차근차근

해보려고 하는데요. 그동안 큰 프로젝트를 진행하느라
팀원들과 세세하게 발을 맞추는 시간이 부족했는데 올해는
조금 더 신경 써서 맞추어 보려고요. 경력직 초심으로,
작은 것부터 꼼꼼하게 정비해 볼게요.

**어느 인터뷰에서 "내가 살고 싶은 삶을 살고 있느냐
물으면 만족스러운 삶이다."라고 말씀하신 적이 있어요.
지금은 어때요?**
8년 동안 포기하지 않고 힘들더라도 계속 배우고 해 나가고
있어서 감사할 따름이에요. 최근 몇 년간은 여러 굴곡을
지나오기도 했는데요. 제 삶의 목표 중 하나가 '개운한
마음으로 일어나고 편안한 마음으로 잠들자.'거든요.
그 삶에 부쩍 가까워진 것 같아 매일 감사하며 살고
있어요.

**이번 호 주제어가 차인 만큼, 마지막 질문으로 우리의
삶, 혹은 하루에서 차가 어떤 의미를 갖는지 여쭤보고
싶어요.**
꼭 있어야 하는 건 아니지만 연결을 가져다주는
매개체라고 생각해요. 재작년에 덴마크 루이지애나
박물관에 갔을 때 근처 산책을 하다가 덴마크 사람들이
앉아서 뭔가 나눠 마시는 장면을 보았어요. 보온병에
담긴 따뜻한 음료였는데, 그 음료가 없다면 분위기가
어떻게 달라졌을까 상상하게 되더라고요. 뭔가를
함께 마신다는 데서 특별함을 느꼈죠. 별거 아닌 작은
행위인데, 뭔가를 나누어 마신다는 게 우리를 연결해 주는
매개가 되는 것 같아요. 저는 누군가를 집으로 초대할
때면 어떤 차를 좋아할지 생각하며 마실 것들을 고르곤
하는데요. 그런 시간을 거쳐 함께 차를 나누면 비로소
우리가 연결되었다는 느낌을 받아요. 음식을 준비하는 건
거창하고 무거운 일이지만 차를 대접하는 건 심적으로도
부담이 없어서 초대하는 마음도 가볍죠. 차는 누군가와의
연결을, 연결이 가능한 시간을 선물해 주는 존재예요.

식구食口란 "한 집에 함께 살면서 끼니를 같이하는
사람"이란 의미다. "덴마크인의 식탁이 그들의 삶을
지탱해 주는 중심처럼 느껴졌"다는 지은 씨 말을 곱씹으며,
김이 폴폴 나는 식탁에 식구와 마주 앉아 '소중하다'고 몇
번쯤 생각한다. 소담스러운 접시를 찬찬 비우고, 똑같은
찻잔에 저스트프룻과 루이보스바닐라를 각각 우리며
식탁의 시간을 연장하는 여유. 에디션덴마크 티포트의
버튼을 살포시 누르고 은은한 색과 향이 퍼져나가는 것을
바라보는 저녁이 못내 기껍다. 아이 좋다!

EDITION DENMARK
EDITION DENMARK
SHOWROOM
SHOP
EVERYDAY
19.00
ON SHOP WITH
FOR LIFE SHARED
THE TABLE
ENMARK

이태원의 샐러드 가게 '샐러드셀러'를 운영하는 우리와 주홍의 찻자리는
조금 독특하다. 하루 열 시간 넘게 서서 일하는 부부는 텀블러에 차를 우리고
틈틈이 들이켠다. 집에서 보내는 여유로운 휴일엔 피처 린서에서 차를 내려,
주홍은 머그에 우리는 작은 잔에 담는다. 이들의 차 생활은 엄숙하기보다
편안하고 자유롭다. 좋아하는 일을 오래 지속하려면 '꼭 해야 한다'는
부담을 갖지 말아야 한다는 부부에게서, 편안하게 담을 넘는 마음을 배운다.

쉽게 곁에 두는 마음으로

고우리·김주홍―샐러드셀러

에디터 차의진　포토그래퍼 김혜정

가게 휴무일에 집으로 초대해 주셔서 감사해요. 오늘 같은 날은 보통 어떻게 보내세요?
우리 일요일, 월요일이 샐러드셀러 휴무일이에요. 일요일 오전은 각자 시간을 보내는데요. 저는 출근하는 마음으로 꼭 도자 공방에 가요. 차 도구를 직접 만들어 쓰고 싶어서 2년째 공방에 다니고 있어요.
주홍 저는 일요일 아침을 달리기로 시작해요. 우리가 도자 공방에 가 있는 동안 저는 서울에 계시는 부모님을 찾아뵐 때가 많아요. 그리고 오후에 우리와 다시 만나 나들이나 전시회를 같이 가죠.
우리 월요일 오전에는 매장에서 일을 좀 하고, 남은 시간엔 친구들을 만나거나 쉬어요.

오늘은 월요일이라 오전에 매장에 다녀오셨겠네요?
주홍 에디터님이 오실 예정이라 집에서 먼지 청소를 했어요(웃음).

부엌에 차 내리는 공간이 따로 마련되어 있다고 들었어요.
우리 맞아요. 여긴 원래 집이 아니라 차를 마시거나 요가를 하는, 온전한 휴식 공간으로 사용할 계획이었어요. 매장이 지금의 이태원이 아니라 한남동에 있던 시절에는 집이 가게 바로 옆이라 일과 쉼을 분리하기가 어려웠거든요. 그래서 여기 부암동에 공간을 마련하게 됐죠. 당시 인테리어 업체가 저희 이야기를 듣고, 주방에 차 마시기 편한 공간을 만들면 어떻겠냐고 제안했어요. 저기 피처 린서는 보통 차 내릴 때 많이 쓰는 도구는 아닌데요. 수도가 가까이 있고 배수도 가능해 차 마시기 편할 것 같아 두게 됐어요.

별장처럼 쓰던 이곳은 어떻게 지금의 집이 되었어요?
우리 주말에 MT 오듯 음식을 바리바리 싸 와서 이틀 자고 가는 게 아쉽더라고요. 매장 이전을 준비하면서 몇 달 동안 운영을 쉬게 됐는데, 그때 여기서 지내며 이사를 결심했어요.
주홍 평일에 퇴근하고 집에 들어오면 일하던 분위기와 완전히 분리되는 느낌이 좋아요.

두 분은 오래전부터 차를 즐겨 마셨다고 들었어요. 차 생활은 어떻게 시작됐나요?
우리 주홍이 커피를 잘 못 마셔서 예전부터 전통찻집을 좋아했어요. 그러다 2016년에 같은 한남동에 있던 '산수화 티하우스' 사장님이 저희 가게에 손님으로 오셨어요. 그 인연으로 찻집에 놀러 가다 보니 차에 푹 빠지게 됐죠. 르 꼬르동 블루 서울 캠퍼스에서

차 마스터클래스를 수강하면서 공부하듯 차를 마시던 시기도 있었고요. 나중에는 그냥 즐기면서 마시는 게 가장 재밌다는 생각이 들어 편하게 차를 찾기 시작했어요.

차 마스터클래스라니⋯ 차가 단순한 취미는 아닌가 봐요.
주홍 그때도 지금처럼 차가 재밌어서 더 알고 싶은 정도였어요. 수업에 갔다가 놀랐던 게, 저희만 취미로 차를 배우고 있었고 다른 분들은 대부분 현업에 종사하거나 사업을 준비 중이셨거든요. 그래서 오히려 그분들이 저희를 신기하게 바라보던 기억이 나요.

주홍 씨가 아까 커피를 잘 못 마신다고 하셨죠. 카페인이 몸에 잘 안 맞나요?
주홍 우리가 촌스럽다고 어디 가서 밝히지 말라고 하는데요(웃음). 커피 맛이 제 취향이 아니에요. 그래서 요즘 차가 점점 활성화되는 게 좋더라고요. 우리나라는 공원이나 벤치처럼 바깥에서 대화를 나눌 공간이 많지 않아서 카페가 많이 생겨났잖아요. 그런데 막상 카페 메뉴는 커피 위주라 저는 핫초코 같은 것만 마시곤 했어요. 이제는 차 메뉴가 다양해지고 선택권이 넓어져서 좋아요.

많은 종류 중에서도 오늘 마실 차를 고르는 기준이 궁금해요.
우리 몸 상태나 날씨, 계절을 고려해요. 최근에는 발치한 부위가 잘 아물지 않아서 염증에 좋다는 백차를 계속 마셨어요. 오늘처럼 날씨가 흐릴 땐 진한 보이차를 찾고요. 같은 보이차라도 여름에는 생차, 겨울에는 숙차를 마셔요. 평소에는 잘 찾지 않는 녹차도 여름에는 항상 냉침해 옆에 두고 마시고요.

10년 전부터 지금까지 꾸준히 차를 찾게 되는 이유가 뭘까요?
주홍 질리지 않아서요. 차는 녹차, 백차, 청차 등을 포함해 크게 여섯 가지로 나뉘는데 그 안에서도 종류가 정말 다양해요. 계절이나 몸 상태에 따라 맛과 향이 달라지고, 언제나 새로워서 재밌죠. 무엇보다 맛있어서 계속 마시게 돼요.
우리 저는 마시는 걸 좋아해요. 바텐더 아르바이트를 한 적도 있고, 조주사 자격증을 따서 집에서 칵테일을 만들어 먹기도 했죠. 예전에는 와인이나 위스키를 좋아해서 자주 즐겼는데, 차를 좋아하게 된 뒤로 술이 많이 줄었어요. 와인, 위스키는 차와 닮은 점이 많거든요.

술과 차는 어떤 점이 비슷한가요?
우리 와인처럼 차도 '떼루아'(와인이 생산되는 자연환경으로
인한 고유 풍미)가 중요해요. 같은 차라도 언제 생산되었고,
언제 마시냐에 따라 맛이 다르기도 하고요. 저희는
차를 로스팅하면서 생기는 향을 좋아하는데, 싱글 몰트
위스키도 '피트 향'이라 말하는 강한 훈연 향이 나기도
해요. 호불호가 갈리지만 저희는 그런 향이 싫지 않아요.
주홍 실제로 차와 위스키의 풍미가 비슷하게 느껴질 때도
있어요. 제가 좋아하는 우롱차가 특히 그래요. 우롱차는
맛이 위스키와 비슷한데 계속 마셔도 취하지 않는다는
점이 좋죠(웃음).

**우리 씨가 마실 것을 좋아한다고 하셨는데, '셀러리
코너Celery Corner'라는 이름으로 아침을 여는 주스 가게를
운영하신 적도 있죠.**
우리 맞아요. 셀러리 코너는 주스 가게이면서 동시에 제
아침 시간을 확보하기 위한 장치였어요. 새벽에 가게 문을
열어두고 요가를 다시 시작했죠. 아침을 여는 신호처럼
여기며 잠시 운영하다가, 샐러드셀러 이전을 준비하면서
중단하게 됐어요. 지금은 같은 이름의 인스타그램 계정에
매일 아침 마신 음료 사진을 기록하고 있어요. 음료 기록을
보면 제가 어떻게 살고 있는지 보이고, 그 시간을 어떻게
보냈는지도 떠올라서 좋아요. 아까 말씀드렸듯 저는
마시는 걸 좋아해요. 하루에 13-14시간 서서 일하다 보니
먹는 것보다 마시는 게 편하거든요. 콩물도 늘 만들어 두고
식사 대신 마셔요.

오랫동안 서서 분주하게 일하면 차는 언제 즐기세요?
주홍 평일에 가게를 운영할 때는 천천히 차를 내릴 시간이
없어요. 그래서 바쁘게 일하면서 차를 마셔요. 저희
가게에도 차 메뉴가 있는데요. 손님이 차를 주문하시면
저도 텀블러에 찻물을 넣어두고 갈증이 날 때마다 마셔요.
우리 저도 가게에서는 차를 에너지 드링크처럼 마셔요.
아침에 차를 내리고 밤까지 못 마실 때도 있지만, 한 번
만들어 두면 틈틈이 목을 축이게 되더라고요. 여유가
있을 때도 가만히 앉아 차만 마시는 경우는 별로 없어요.
성격상 멍하니 있는 게 어려워서 계속 할 일을 하면서
차를 마셔요.

**두 분이 고요하게 차 내리는 모습을 상상했는데,
텀블러라니 신기해요.**
주홍 저도 처음 차를 알아갈 때는 각 나라의 차도를
지키는 게 중요할 거라 생각했어요. 그런데 저희가
찻집을 운영하는 것도 아니고 형식에 얽매일 필요는
없다고 생각하니까, 그때부터 차 생활이 훨씬 자유롭고

편해지더라고요.

그럼 두 분의 차 취향은 어떻게 다른가요?
우리 맛 취향은 비슷한데, 마시는 스타일이 달라요. 주홍은
물 마시듯 빨리, 많이 마시고요. 저는 느리고 적게 마셔요.
그래서 집에서 차 마실 땐 주홍은 머그잔을, 저는 작은
잔을 준비해요.
주홍 작은 잔으로는 계속 마시기 번거로워서 머그를
써요(웃음). 무엇보다 맛있는 차는 많이 마시게 되더라고요.
그리고 우리는 차를 약간 진하게 마시는 걸 좋아하고, 저는
조금 연하게 마셔요.

**차인들과 교류하면서 차에 대한 관심을 키우기도 할 것
같아요.**
우리 산수화 티하우스 사장님의 출장길에서 만나 찻집,
골동품 상점, 음식점 등을 함께 다닌 적이 있어요. 지금
다니는 도자 공방도 사장님께 소개받은 곳인데, 차 도구를
주로 만드는 공방이에요. 도자 선생님은 개인 차실을
두고 차를 물처럼 드시는데, 제가 공방에 가면 항상 차를
내려주세요. 또 도자 선생님의 차 선생님을 만날 기회도
생겨서 자연스럽게 다른 차인들과도 계속 연결되고
있어요.
주홍 차는 식생활의 일부이기도 하지만 기호식품이다 보니
취미의 영역에 속하기도 하더라고요. 사람들은 자신의
취향이나 새롭게 발견한 맛있는 차를 서로 나누고,
그 과정에서 자연스럽게 친밀해지는 것 같아요.
우리 얼마 전 도자 선생님의 친구들과 차회를 하러 중국
여행을 갔어요. 그분들은 차를 전문적으로 유통하는
사람처럼 많은 차를 소장하고 계셨는데, 모두 친구와 함께
즐기기 위해서라고 하더라고요. 하루 종일 함께 차를
마시며 놀고 싶은데, 좋지 않은 차는 오래 마실 수 없으니
최고의 차를 모으는 거라고 했죠. 저희도 집에 차가 꽤
있는데, 같은 이유로 수집해요.
주홍 보통 친구들이 집에 모이면 술을 마시다가 마지막에
차로 마무리해요. 평소 차를 잘 마시지 않는 친구들도
속이 따뜻해지고 술도 조금 깨는 느낌이 들어 좋다고
하더라고요.

차 생활을 시작한 이후에 각자에게 생긴 변화도 있나요?
우리 일상에서 크게 달라진 건 없어요. 다만 예전에는
책이나 종이 모으는 걸 좋아했는데, 이제는 차나 다구를
수집하는 습관이 생겼죠.
주홍 특히 여행 모습이 많이 바뀌었어요. 찻집이나 차 시장
등을 찾아다니게 되면서 관심사가 생겼고, 여행에서
할 거리도 늘어났다는 점이 재밌어요.

THE FINEST TEAS OF THE WORLD
1837
TWG
TEA
GRANDS CRUS PRESTIGE
WHITE
HOUSE
TEA
White tea
LE CHATELARD
1802
SENTEURS DE PROVENCE
Lavande Alimentaire
Lavender for Cooking
Made in France
MRS
BRIDGES
FIG
PRESERVE

그러고 보니 대만으로 여러 번 차 여행을 떠나셨죠? 그때 이야기가 궁금해요.

우리 7–8년 전쯤 가게를 함께 오픈한 친구가 출산 후 육아 생활이 답답하다며 여행을 제안했어요. 그렇게 처음 대만에 가서 찻집과 박물관만 돌아다녔는데 인상적인 경험이었어요. 그래서 다음에는 주홍이랑 대만에 한 번 더 갔죠.

주홍 같은 해 샐러드셀러 직원들과 대만으로 워크숍도 갔어요. 단순한 친목 여행보다는 주제가 있으면 좋을 것 같아서 '비건 만두 경험하고 돌아오기'를 여행 주제로 삼았죠. 그때는 만두 가게도 해보고 싶었거든요. 종교적인 이유로 비건 메뉴가 있는 식당이 많았고 음식도 맛있었어요. 찻집도 여러 곳 방문했고요. 저희만큼 차를 즐기지 않는 직원들도 그때를 재밌게 기억하고 있다고 해요.

우리 그 이후로 동남아에 갈 일이 있을 때면 반나절이라도 대만을 경유해요. 잠깐 들러 맛있는 차도 사고 찻집도 가죠. 최근에 대만에 갔을 때도 딱 24시간만 머물렀어요.

자주 방문할 만큼 대만이 기억에 남은 이유가 뭔가요?

우리 생활 속에서 자연스럽게 차 마시는 사람들을 볼 수 있거든요. 시장을 돌아다니다 보면 타이어 위에 쟁반을 올려놓고 차 내리는 장면을 마주쳐요. 투박해 보이지만

막상 차를 마셔보면 정말 맛있어요.

주홍 저는 콩을 좋아하는데, 대만은 고온다습한 기후라 양질의 콩을 1년에 세 번 수확한대요. 그래서 콩을 사용한 맛있는 음식이 많아요. 사람들도 친절해서 여러모로 즐거웠어요. 현지 차를 비교적 저렴하게 마실 수 있다는 점도 매력적이고요.

차를 주제로 다른 여행지에 가본 적도 있으세요?

주홍 중국 원저우에 가본 적 있어요. 신기하게 프랜차이즈 식당 세트 메뉴 음료 옵션에 차가 있더라고요. 주문하면 투박한 플라스틱 통에서 찻잎을 조금 꺼내, 맥주잔처럼 큰 잔에 넣고 뜨거운 물을 확 부어줘요. 과연 맛있을까 싶었는데 정말 좋아서 놀랐어요. 차가 생활과 밀착된 문화를 경험하는 게 즐거웠죠.

우리 중국은 차를 워낙 일상적으로 소비해서인지, 저희가 갔던 도시에는 생각보다 찻집이 많지 않았어요. 그래서 찻집은 방문하지 못했고, 절이나 현지인 집, 차 선생님 작업실 같은 곳에서 차를 경험했어요. 현지인에게 물어보니 다들 그렇게 집에서 마신다고 하더라고요. 시골 사찰을 빌려 열린 차회에 참석하기도 했고요. 고금 연주회에 갔을 때도 한 사람이 연주하는 동안 다른 연주자들은 차를 마시고, 관객들도 연주를 기다리며 둘러앉아 다구를 펼쳐 놓고 차를 즐겼어요. 그런 장면들이 참 재미있었죠.

여행에서 돌아와 차를 대하는 마음이나 방식에서 달라진 점이 있는지 궁금해요.

우리 땅이 넓은 중국에서는 장시간 운전을 하면 지치고 몸이 붓기도 하니까, 큰 텀블러에 백차를 많이 우려 운전하면서 계속 마신다고 하더라고요. 저도 여행을 다녀온 뒤로는 차를 더 편하게 마시고 싶어졌어요. 일하느라 차 마실 정신이 없을 때도 있고, 모아둔 차를 몇 달 동안 마시지 못할 때도 있었거든요. 그런 일상을 지내다 보니 중국 사람들이 언제나 편하게 차를 마시는 모습이 더 좋아 보였죠.

우연히 알게 된 사실인데, 차만큼 물도 많이 마셔줘야 한다면서요.

우리 이뇨 작용이 있어서요. 차에도 카페인이 꽤 들어 있어서 많이 마시면 어지럽거나 울렁거리기도 해요. 그래서 저는 차를 마시면서 디저트를 많이 먹게 돼요. 직접 만들기도 하고요. 대홍포랑 치즈케이크를 같이 먹으면 정말 맛있다는 걸 알게 된 뒤로 치즈케이크를 자주 굽기 시작했어요.

주홍 이따 시간 되면 같이 드셔보시죠(웃음).

와, 기대돼요(웃음). 한 인터뷰에서 우리 씨가, 차 생활을
지속하기 위한 방법은 '꼭 해야 하는 일이 아니라고
생각하기'라고 하신 적이 있어요. 지금도 그 생각은
같나요?

우리 네. 좋아하는 게 일이 되면 힘들어진다고 많이들
이야기하잖아요. 저한테 차가 한때 그랬어요. 내 시간을
갖고 싶고, 사둔 차도 마시고 싶은데, 그러지 못하는
시간이 길어지면 안절부절못했죠. 마음이 조급해지고,
내가 왜 이걸 좋아하나 싶은 생각도 들고요. 지금은 즐길
수 있을 때 편하게 즐기고, 자주 찾지 못한다고 해서 내가
차를 좋아하지 않는 건 아니라고 생각해요. 요즘은 요가가
그래요. 좋아하지만 아예 못 하고 있어요. 그래도 정말
하고 싶을 때 하면 된다고 생각해요.

주홍 관계도 편해야 오래 지속되잖아요. 정말 친한 친구는
1-2년 만에 연락해도 서로 부담 없고 기분 좋은 것처럼요.
차도 그런 것 같아요. 부담이 없어야 언제 마셔도 편하고
맛있어요.

차를 일상에서 쉽게 접하고 싶은 분들을 위한 팁이
있을까요?

우리 집에서 차를 마시려면 도구가 몇 가지 필요하니까,
우선 가벼운 마음으로 찻집부터 가보길 권해요. 찻집
분위기가 나와 맞지 않는다고 말하는 분들도 있는데요.
물론 엄숙한 분위기의 공간도 있어요. 하지만 다 그런
건 아니니 마음에 드는 곳을 찾아보면 자신에게 맞는
스타일을 발견할 수 있을 거예요.

주홍 저는 경험이나 재미 차원에서의 차도 얼마든지
좋다고 생각해요. '평소 커피를 많이 마시니까 오늘은
다른 차를 마셔볼까?' 하는 마음으로요. 실제로 우리 뇌도
평소와 다른 행동을 했을 때 새로운 자극을 받는다고
하더라고요.

차에 성큼 다가가기 어려운 이유 중 하나는 낯선 용어에
대한 부담일 것 같아요. 차 생활을 시작하면서 그런 낯섦을
어떻게 받아들이셨나요?

주홍 누군가 좋아지면 계속 알아가고 싶은 마음과
비슷했어요. 차가 맛있으니까 자연스럽게 더 궁금해졌죠.

우리 저도 차를 좋아하기 시작하면서 모르는 게 많다 보니
계속 질문했어요. 지금 마시는 차가 무엇인지, 어떤 특징이
있는지요. 그런데 찻집에서 설명을 들어도 금방 잊어버릴
때도 많고, 누군가에게 지금 마시는 차를 정확하게
설명하지 못할 때도 있어요. 사실 커피도 마찬가지잖아요.
산지나 로스팅을 따지며 마시는 사람이 많지는 않아요.
차의 생산자나 '떼루아'에 관심 있는 분들은 깊이 공부하실
거고, 그렇지 않은 분들은 그냥 즐기면 된다고 생각해요.

그러다 어느 날 정말 입에 맞는 차를 만나면 자연스럽게
더 알아보게 될 거예요.

주홍 (우리를 바라보며) 진짜 그렇네. 좋아하는 음식도 재료의
산지나 특징을 다 알면서 먹지는 않잖아요. 사람들이 차에
심리적인 장벽을 느끼는 이유도 그런 고정관념 때문일 것
같아요.

식생활과 건강 이야기로 조금 옮겨볼게요. 샐러드
가게를 운영하시면서 먹는 것과 건강의 관계를 많이
고민하게 될 것 같아요.

우리 샐러드셀러를 운영하면서 '건강한 식사'를 내세운
적은 없어요. 흔히 말하는 슈퍼푸드를 재료로 쓰지만,
저희는 그걸 거창하게 생각하지 않아요. 그렇다고 음식
만드는 사람으로서 건강을 전혀 생각하지 않을 수는 없죠.
손님들이 재료를 당연하게 여기지 않을 수도 있겠다는
생각에 더 좋은 재료와 방식을 찾으려고 노력해요. 다만
여전히 건강한 음식을 표방하는 건 익숙하지 않아요.
어떤 음식도 모두에게 좋을 수는 없거든요. 저희는 저마다
맞는 음식이 있다고 생각하기 때문에, 선택지를 다양하게
마련하고 손님의 취향을 세심하게 살피려고 해요. 다만
가게를 운영하면서 사용하고 싶지 않은 재료는 대체할
방법을 찾으려고 노력하죠.

**가게와 개인적인 식생활에서 맛과 건강 중 어느 쪽에
더 무게를 두는지도 궁금해요.**
우리 기본적으로 건강하게 먹어야 한다고 보지만,
먹고 싶은 건 먹어야죠. 건강을 위해 모든 즐거움을
다 포기할 필요는 없다고 생각해요.
주홍 음식은 즐겁고 행복하게 먹는 게 가장 중요하다고
여겨서, 개인적인 식생활에서는 맛을 더 중요하게
생각해요.
우리 먹을 때 정신적인 부분도 중요하다고 생각해요.
일을 마치고 들어와 고된 몸을 일으켜 세워 힘들게
요리하기보다는, 간단하고 빠르게 만들어 먹으면서 얻는
행복감이 더 클 때가 많아요.
주홍 실제로 저희는 배달 음식도 자주 시켜 먹어요.
다만 가게에서는 손님이 음식을 먹은 다음 날에도
몸 상태와 기분이 좋길 바라는 마음으로 음식을 만들고
있어요.

**아까 샐러드셀러가 건강한 음식을 표방하는 건 아니라고
하셨죠. 그렇다면 샐러드셀러를 시작한 건 건강한
음식을 손님에게 제공하겠다는 목표보다, 다른 계기가
있었겠어요.**
주홍 예전에 어떤 인터뷰에서 "우리는 매일 망고를, 저는
매일 천혜향을 먹고 싶어서 시작했다."고 말한 적 있어요.
채소와 과일을 굉장히 좋아하니까, 샐러드 가게를 하면
제철 재료를 마음껏 맛볼 수 있겠다는 단순한 생각에서
출발한 거예요.

**그럼 지금까지 샐러드셀러를 이어오는 이유는
무엇일까요?**
우리 좋은 사람들을 많이 만난 것, 그리고 보람을 느낀다는
점이 가게를 지속하게 하는 힘이에요. 가끔 이런 생각을
해요. 내가 하는 일이 사람과 세상에 이로운 일인가
하고요. 적어도 남을 힘들게 하는 일은 하고 싶지 않아요.
가게에서 일하다 보면 먹여 살려줘서 고맙다는 말을 종종
들어요. 지금 샐러드셀러는 사람을 먹이고 이롭게 하는
일이니까, 거기에서 오는 행복감이 있어요. 죄의식이
없다고 해야 할까요(웃음).
주홍 제가 매일 먹을 수 있는 음식을 만든다는 보람도
커요. 저는 10년 넘게 저희 가게 음식을 거의 매일
한두 끼씩 먹고 있거든요. 맛있고, 질리지 않고,
몸에 무리가 없는 음식을 만들고 있다는 점이 좋아요.

**신체적, 정신적 건강을 위해서 꼭 지키는 규칙이
있나요?**
주홍 나름 확실한 루틴이 있어요. 일어나서 양치를 하고

물 한 컵을 꼭 마셔요. 그다음 올리브 오일과 들기름을
먹고요. 가벼운 스트레칭과 운동으로 하루를 시작하는데,
여유가 있는 날에는 산이나 거리를 뛰기도 해요. 작년에는
우리와 태국 치앙마이에서 산을 뛰는 대회를 다녀오기도
했어요.

아침마다 들기름을 챙겨 드시는 이유는요?
주홍 생선을 즐기지 않다 보니 부족해질 수 있는 오메가3를
보충하려는 거예요.
우리 주홍은 150살까지 건강하게 살고 싶은
사람이에요(웃음). 저는 몸보다 정신이 더 중요하다고
생각하는 편이라, 아침에 음료를 마시면서 하루를 깨우는
순간을 만들어 두려고 해요. 차 도구를 만드는 일도
스트레스 해소에 큰 도움이 되고요.

'건강을 위해 이것만은 피한다!'도 있을까요?
우리 아직 일어나지 않은 미래에 대해 지나치게 걱정하지
않으려고 해요. 계획을 세우고 예측할 수는 있지만
조바심을 느끼지 않으려는 거죠. 반면 주홍은 정말 걱정이
없는 사람이라 가끔 부럽기도 해요(웃음). 또 하기 싫은 일은
가능한 한 하지 않으려고 해요. 하고 싶은 것을 하며 얻는
만족감보다, 하기 싫거나 하지 않아도 되는 일을 억지로
해내며 받는 스트레스를 줄이는 게 건강에 큰 도움이
된다고 생각하거든요. 내 옆에 또 하나의 영혼이 있다고
상상하면, 그 영혼이 제3의 눈으로 내가 해야 하거나
하지 않아도 되는 것들을 잘 알려줄 수 있다고 생각해요.
그렇게 저 자신을 조금 떨어져 바라보며 판단하려고 하죠.
내 상태를 알아차리는 게 가장 중요한 것 같아요.

대화를 마치고 부부가 내어준 치즈케이크. 비 내리는 창을 곁에 두고 대홍포까지
곁들이니 그야말로 호사다. 이런 즐거움은 좀처럼 다시 오지 않을 거라 여기다,
이내 아쉬움을 접어두었다. 일상의 작은 틈을 최고의 쉼과 취미로 채우려 애쓰는 일은
오히려 불편할 수 있으니까. 아끼는 시간일수록 부담 없이 마주하고, 가볍게 곁을
내어줄 방법을 마련하는 것. 그것이 좋아하는 마음과 사이좋게 지내는 방법이라는 걸
알았다. 이대로의 일상도 충분하다는 기분을 안고 부암동 골목을 나섰다.

무이산의 거친 바위틈에서 자라는 차나무처럼, 진평 역시 치열한 시행착오를
거치며 자신만의 향을 빚어냈다. 홀로 차 세계에 몰두하던 외로운 탐구의 시간을
지나, 이제는 일상의 풍경을 차의 재료로 삼아 사람들에게 건네며 함께 발걸음을
맞춘다. 그가 정성껏 일궈온 찻상 위에는 비로소 정직한 결실이 맺히기 시작했다.

차로 열매를 맺기까지

김진평—티 마스터

에디터 황진아   포토그래퍼 강현욱

선반에 놓인 술 종류가 꽤 다양하네요. 평소 술도 즐기시는 편인가요?

원래 술을 좋아하지 않았어요. 그런데 차 개발하는 일을 하다 보니 아침부터 저녁까지 카페인을 너무 많이 섭취하게 되더라고요. 퇴근하고 집에 가서도 '입을 갖고 장난치고 싶은 마음'이 드는데, 차는 더 마실 수가 없으니 대체할 게 없을까 고민했죠. 그러다 위스키와 꼬냑에 빠지게 됐어요. 요즘은 퇴근 후에 하루를 마무리하면서 한 잔씩 마시고 있어요.

처음엔 차보다 와인을 먼저 공부하셨다면서요. 와인에는 어떻게 관심을 갖게 되셨어요?

대학에서 관광경영을 전공하다 보니 자연스레 음료를 연구하는 대학원 연구실까지 가게 됐어요. 그곳에는 와인, 커피, 바텐더 등 정말 다양한 음료 직군의 분들이 계셨는데 저도 처음엔 와인을 공부하고 싶더라고요. 평범한 영화 장면이어도 와인잔이나 와인병만 있으면 왠지 근사해 보이는, 그런 모습에 대한 동경이 있었던 것 같아요. 약간의 허세가 섞인 장면들이 멋져 보여서 와인을 선택했죠. 다른 술보다 고급스럽고 깊은 문화를 품고 있는 것 같아 더 공부하고 싶었거든요.

동경하던 길이었는데, 차로 방향을 돌리게 된 이유가 있을까요?

당시에는 제 입이 엄청 예민한 줄 알았거든요. 그런데 막상 와인을 공부해보니 알코올이 들어가는 순간 혀가 너무 무뎌져서, 남들만큼 테이스팅을 못하더라고요. '나는 왜 안될까' 하는 좌절감이 오면서 이 길이 아닌가 고민하던 찰나였죠. 그때 지도 교수님이 제게 이런 말씀을 해주셨어요. "너는 알코올이 잘 안 맞는 것 같으니 차나물을 공부해 봐라." 소득 수준이 올라가고 문화생활과 건강에 대한 관심이 커지면 결국 커피에서 차 쪽으로 시장이 옮겨갈 거라고 하시면서요. 거기서 더 발전하면 프리미엄 워터를 마시는 시대가 올 테니, 너무 좌절하지 말고 차 공부를 한번 해보라고 권유하셨어요. 사실 차가 갑자기 너무 맛있어서 시작한 건 아니었어요. 일단 대학원 졸업은 해야 하니까 시작했는데, 공부를 하면 할수록 맛은 물론이고 그 주변에 파생된 문화가 굉장히 다양하다는 걸 알게 됐죠. 몸도 건강해지는 기분이었고요.

차의 세계에 첫발을 내디딘 후, 깊이를 더하기 위해 선택한 첫 공부는 무엇이었나요?

어떻게 시작할까 고민하다가 인사동에 있는 '한국차인연합회'를 찾아갔어요. 우리나라에서 가장 오래된 차인들의 모임인데, 그 안에서 '차 품평반'이라는

과정을 듣게 됐어요. 연합회 소속도 아니었지만 일단 연락해 공부하고 싶다고 말씀드렸고, 그렇게 물어물어 들어가 3년 정도를 그곳에서 공부했죠. 저는 연합회에서 차의 정의나 종류, 제다 과정(차를 만드는 과정) 같은 기본기부터 등급을 매기는 품평 기준까지, 본질적인 부분부터 차근차근 다시 배웠어요. 수강생 중에 저 빼고는 전부 아버지, 어머니뻘 되는 어른들이라 공부하는 내내 찻잔 설거지도 참 많이 했어요(웃음).

유일한 청년이었으니 고생 좀 하셨겠네요(웃음). 기억에 남는 산지 여행도 있었는지 궁금해요.

제가 교수님과 우롱차와 홍차의 발원지인 중국 무이산, 그리고 대만과 스리랑카까지 차 답사를 다녀왔는데요. 그중에서도 무이산이 저에게는 워낙 강력한 기억으로 남아서, 대학원을 졸업하고 다시 그곳으로 공부를 하러 떠나게 되었죠.

무이산의 어떤 풍경이 그토록 마음을 흔들었나요?

산에 들어서는 순간 그 분위기에 압도당하는 기분이 들어요. 중국 10대 명산 중 유일한 바위산인데, 골짜기마다 펼쳐지는 장관이 마치 무협 영화의 한 장면 같거든요. 그런 거친 바위틈에서 차나무들이 자라는 모습이 그저 신기했고, 그곳에서 난 차를 마셔보니 맛 또한 무척

신비로웠죠. 당시에는 꽤 시골이었는데 사람들도
참 순수했어요. 이런 곳에서 공부하면 정말 재밌겠다
싶었죠. 원래는 석사를 마치고 차 학과가 있는 절강대학교
박사 과정에 가려던 참이었어요. 입학 전 1년의 예비
과정을 거쳐야 했는데, 저는 그 시간을 가고 싶었던
무이산에서 보내기로 마음먹었어요. 어차피 박사 생활은
절강성(절강대학교가 있는 중국의 도시)에서 할 테니, 예비
과정만큼은 차의 산지인 무이산에서 겪어보고 싶었거든요.
다행히 좋은 기회가 닿아 그곳에서 현지 학생들과
교류하며 차에 대해 더 빠르게 배울 수 있었어요.

**한국에서 이론으로 차를 배웠을 때와 현장에서 마주한
차는 또 달랐을 것 같아요.**
네, 달랐죠. 이전에는 주로 차에 대한 설명을 듣고,
마셔보고, 어떤 차가 좋은 차인지 품평하는 수업이
대부분이었어요. 제다를 이론으로 배우긴 했지만, 실제로
보고 만지지 않는 이상 피부에 와닿지는 않거든요. 그런데
현지에 가니 찻잎을 따는 것부터 차를 만드는 전 과정을
직접 볼 수 있었어요. 무엇보다 제가 한국에서 '좋은
차'라고 믿었던 기준이 현지와는 다르더라고요. 세상이
바라보는 기준과 실제 차를 만드는 사람들의 기준 사이에
괴리가 있다는 걸 그때 깨달았죠.

구체적으로 어떤 기준이 다르던가요?
흔히 무이산에서 나는 차를 '무이암차'라고 통칭하는데,
한국에 들어오는 차들은 대부분 맛이 구수해요. 유통
과정이 길다 보니 변질을 막기 위해 불을 강하게 대는
'다크 로스팅' 방식을 택하거든요. 한 번 들여오면
두고두고 팔아야 하는 한국 상황에선 어쩔 수 없는
선택이었을 거예요. 하지만 현지에 가서 보니 과일 향이나
꽃 향이 나는 차들이 정말 많더라고요. '내가 알던
무이암차가 아닌데?' 싶을 정도로요. 이런 차들을 한국에
꼭 소개하고 싶다는 마음이 생겼고, 그렇게 한국으로
돌아올 결심을 굳혔어요. 사실 귀국에는 여러 이유가
있었어요. 찻집을 열고 싶었고, 마침 지도 교수님이
한국에서 박사 과정을 밟으라고 제안해 주시기도 했고요.
하지만 돌이켜보면 그런 건 다 핑계고, 너무 외롭고
힘들었던 것 같아요. 스물아홉이라는 나이에 떠난
유학이었고, 그때 제 친구들은 이미 취업해서 진급하거나
새로운 사업을 시작하며 빠르게 앞서가고 있는 것처럼
느껴졌거든요. 그런데 저만 중국의 아주 깊은 시골에서
차나 마시고 있으니 '나만 멈춰 있다'는 생각이 계속
들더라고요. 성장에 대한 욕구가 큰 저로서는, 그 정체된
기분을 버티기가 힘들었던 것 같아요. 물론 지금은 그때의
선택이 옳았다고 확신하지만요.

**귀국 후 연남동에 '하심'이라는 첫 공간을 꾸렸죠. 당시
어떤 마음으로 찻집을 열었나요?**
당시의 저는 세상 물정을 하나도 모르는 상태였어요.
대학원 조교 생활 외엔 제대로 된 사회 경험이 없었거든요.
유학을 마치고 돌아와서도 철이 덜 든 채 부모님께 도움을
받아 무작정 연남동에 찻집을 열었어요. 아무런 준비도,
조사도 없이 시작한 거예요. 그때 제가 선보였던 건 요즘의
'티 오마카세'와 비슷한 형태였어요. 그런 개념이 생소하던
시절이었지만, 인당 1만 5천 원에서 2만 원 정도를 받고
여러 종류의 차를 코스처럼 내어드렸죠. 신기하게도
장사는 잘 됐어요. 예약이 늘 꽉 차 있었고 사람들도 많이
찾아왔거든요. 그런데 사업성 있는 운영을 해본 적이
없다 보니 실속이 없었어요. 몸은 바쁜데 공간을 유지할
최소한의 비용도 안 남는 구조였던 거죠.

심리적인 압박감도 상당했을 것 같아요.
주변 사람들로부터 '거봐, 내 그럴 줄 알았어'라는 식의 말을
듣는 것만큼은 무엇보다 싫었어요. 부모님께 더는 기댈 수
없어서 2천만 원을 대출받았어요. 돈을 빌리고 나니 고민이
되더라고요. 이전과 같은 방식으로 찻집을 운영하면
결과는 잘 안 될 것이 뻔했으니까요. '차는 포기할 수
없는데, 대체 어떤 식으로 보여줘야 할까?' 그때 제 모습이
보이더라고요. 좋은 차를 친구들에게 우려주면 친구들은
제가 주니까 예의상 맛있다고 한 거지, 사실 마음으로
즐기지는 못했을 수도 있거든요. 비유하자면 믹스커피에
익숙한 사람에게 최고급 스페셜티 커피를 내밀며 "이거
진짜 맛있지?"라고 강요해온 셈인 거예요. 그제야
제 기준의 좋은 차만 고집했다는 걸 깨달았고, 대중의
입맛에 한 발짝 마중 나가는 비즈니스를 해보자고
결심했어요.

그 '마중 나가는 차'의 해답은 어떻게 찾으셨어요?
사람들이 일상적으로 즐기는 아메리카노를 관찰하며
그 흐름을 되짚어봤어요. 커피가 대중화된 과정을
살펴보니 분명한 순서가 있더라고요. 처음엔 프라푸치노나
카라멜 마키아토 같은 달콤한 음료로 시작해 달지 않은
라테로 옮겨갔고, 라테를 즐기다가 입안이 텁텁해질 때쯤
비로소 깔끔한 아메리카노를 찾기 시작했죠. 거기서
취향이 더 깊어지면 핸드드립으로 넘어가고요. 차 역시
마찬가지라고 생각했어요. 대중에게 차를 더 친숙하게
전하기 위해, 차의 세계에서 카라멜 마키아토 같은 역할을
해줄 '밀크티'라는 키워드를 정립했어요. 그렇게 기존
찻집 하심을 리뉴얼해 '오렌지 리프'라는 새로운 밀크티
브랜드를 다시 세상에 내놓게 되었어요.

**대중에게 다가가기 위해 선택한 메뉴가 밀크티였군요.
시장의 반응은 어땠어요?**

처음부터 드라마틱한 변화가 있었던 건 아니에요.
연남동이라는 위치 덕분에 주말 데이트 손님이나 동네
단골들이 조금씩 늘어나는 정도였죠. 그러다 사업을
잘하는 친구와 의기투합해 연희동에 두 번째 매장을
냈는데, 결과는 안 좋았어요. 큰 비용을 들였지만 거의
망하다시피 했거든요. 그 위기를 타개하기 위해 고민하다
당시 유행하던 크라우드 펀딩을 떠올렸어요. 유통이
까다로운 밀크티 대신, 우유에 타 먹을 수 있는 '밀크티
베이스'를 연구해 선보였는데 그게 예상치 못한 큰 호응을
얻었어요. 결국 매장 운영과 리뉴얼, 펀딩까지 거치며
배운 것은 내가 진심이라고 해서 대중이 다 알아주는
건 아니라는 것이었어요. 지금은 티 오마카세도 하나의
문화로 자리 잡고 있지만, 10년 전에는 너무 이른 시도였던
거예요. 대중의 흐름을 예측하더라도 반 발짝 정도
앞서가야 하는데, 당시의 저는 두세 발짝은 앞서가 있었던
것 같아요.

**과거의 여러 시도를 지나온 지금은 어떤 일에 몰두하고
계세요?**

지금은 한 회사에서 차를 개발하는 일을 하고 있어요.
마치 향수를 만들 듯, 어떤 대상에서 영감을 받으면 그에
맞는 원료를 잡고 향을 찾아 블렌딩하거나 가향하는

작업을 하죠. 제가 받은 영감을 차라는 매개체로 온전히
표현해내는 일, 그리고 그와 어울리는 디저트를 기획하는
일에 집중하고 있어요.

**차를 만드는 영감의 조각들은 주로 어디서
찾아내시나요?**

정말 다양해요. 멍하니 시간을 보내다가 문득 떠오르기도
하고, 운동을 하거나 시장에 갔을 때 찾아오기도 하죠.
얼마 전에는 러닝을 하다가 우연히 호박 넝쿨을 보게
됐어요. 마침 개발 중인 차가 있었는데, 무언가 향 하나가
부족해서 한참을 고민하던 중이었거든요. 그 넝쿨을 보는
순간 '아, 호박 향을 넣으면 정말 잘 어울리겠다'는 생각이
스쳤고, 결국 그 차에는 호박의 향이 입혀졌죠.

**일상의 아주 사소한 풍경조차 차의 재료가 되는
셈이네요.**

멋진 음악을 듣다가 영감을 받는다고 하면 근사해 보일
텐데, 저는 주로 일상에서 얻는 편이에요(웃음). 머릿속이
늘 차 생각뿐이라 제 시야에 일종의 필터가 씌워져 있는 것
같아요. 무엇을 보든 '이걸 차로 표현할 수 있을까?',
'이건 차와 함께 먹는 디저트로 만들면 어떨까?' 하는
질문이 항상 따라다니거든요.

**최근에는 제과도 배우기 시작하셨다고요. 새로운 영역에
도전하게 된 계기가 궁금해요.**

현재 회사에서 차 개발 팀장을 맡다가, 최근 디저트와
생산 관리팀까지 함께 총괄하게 됐어요. 사실 기술적인
부분을 속속들이 몰라도 관리자 역할을 할 수는 있겠지만
제 성격상 그게 잘 안 되더라고요. 현장 팀원들과 깊이 있게
소통하려면, 적어도 그들이 사용하는 언어와 고충만큼은
제가 직접 겪어봐야 한다고 생각했어요. 팀원들이 주로
프랑스 제과를 공부한 친구들이라 저는 조금 다른 시각을
더하고 싶어 일본의 나카무라 아카데미에서 과정을
마쳤어요. 제가 직접 배우는 모습을 보며 팀원들도
'이 사람이 정말 우리와 소통하려고 노력하는구나'라고
느껴준 것 같아요. 덕분에 훨씬 빠르게 서로 마음을 열 수
있었죠.

요즘 즐겨 찾는 차와 음식의 조합이 있다면요?

요즘은 딤섬이나 김밥 같은 음식에 차를 곁들이는 걸
즐겨요. 특히 향이 강한 딤섬이나 김밥에는 그 맛을 뚫고
나올 만큼 힘이 있는 우롱차가 아주 잘 어울립니다. 입안에
남은 기름기를 깔끔하게 씻어내 주는 보이차와의 조합도
훌륭하고요.

낡은 구옥을 월세로 계약하고, 직접 사비를 들여 수리까지 하며 방 한 칸에 차실 '성수 티룸'을 만드셨어요. 이 집의 어떤 면이 마음에 들었나요?

지금 다니는 회사가 성수로 이전하게 되면서 저도 자연스럽게 이곳으로 이사를 준비하게 됐어요. 집을 보러 왔을 때 무엇보다 옛스러운 천장이 마음에 들더라고요. 사실 집 상태는 정말 좋지 않았어요. 천장은 다 헐어서 무너져 내리고 있었죠. 재개발 지역이라 언제든 나가야 할 수도 있는 곳이고, 아마 제가 이 40년 된 다세대 주택의 마지막 세입자가 될 거예요.

거실과 차실의 분위기를 일부러 다르게 꾸미신 거죠?

맞아요. 거실에 있는 가구들은 새로 산 게 하나도 없어요. 원래 제가 오랫동안 써오며 가지고 있던 것들이죠. 반면 안쪽 차실은 현재의 제 모습을 담으려고 노력했어요. 요즘 회사에서 일하면서 새로운 미감들을 배우고 '지금의 나는 어떤 사람인가'를 깊게 고민하고 있거든요. 그래서 거실을 비롯한 나머지 공간은 과거의 제가 좋아했던 것들로 두고, 차실은 현재 제가 관심 있는 디자인과 미감이 잘 드러나도록 꾸며서 두 공간을 분리해 두었어요.

차실은 혼자만의 몰입을 넘어 누군가와 마주 앉기 위해 꾸린 공간일 텐데요. 이토록 정성을 다해 사람들에게 차를 내어주고, 또 나누고 싶은 이유는 무엇인가요?

취미로서 차만 한 게 없다고 생각해요. 예쁜 다구가 주는 미학적인 즐거움부터 그 안에 담긴 깊은 문화까지, 차 한 잔이 담고 있는 게 워낙 많으니까요. 특히 제 삶에서 좋았던 건 가족과의 변화예요. 아들만 둘인 저희 집은 분위기가 꽤 무뚝뚝한 편이거든요. 제 동생은 저보다 더하고요. 아들만 있는 집이 으레 그렇듯 어릴 땐 말썽을 피우고, 커서는 말수가 급격히 줄어들잖아요. 그런데 제가 차 공부를 하면서 다구를 하나둘 모으고, 부모님께 자랑도 하고 싶은 마음에 차를 우려드리기 시작했는데, 어느덧 저녁 식사 후 같이 모여 차 마시는 습관으로 이어졌어요. 차를 마시면 자연스럽게 도란도란 이야기를 나누게 돼요. 밤늦게 술이나 커피를 마시는 건 부담스럽지만 차는 얼마든지 가능하니까요. 각자 방으로 흩어지는 대신 거실에 모여 앉는 그 시간이 참 좋더라고요. 그래서 젊은 친구들을 만나면 꼭 이야기해요. 자식이 차 마시자는데 거절할 부모님은 없으니, 그런 시간을 가져보면 좋겠다고요.

말씀처럼 차 한 잔을 두고 관계를 맺는 게 커피나 술과는 또 다른 매력이 있더라고요.

요즘 차를 마시며 느끼는 건, 차 안에 커피와 소주, 와인의 문화가 다 섞여 있다는 점이에요. 기품 있고 우아한 면은 와인을 닮았고, 작은 잔을 주고받으며 마음을 나누는 모습은 소주를 마시는 기분도 들게 하죠. 그러면서 커피처럼 맛도 있고 카페인 덕분에 정신을 깨워주는 기호 음료의 역할도 충실히 해내거든요. 이 세 가지 매력이 다 들어 있으니 좋아하지 않을 수 없죠. 또 차를 마시려면 물을 끓이고, 찻잎을 넣고, 물을 붓는 반복적인 과정을 거쳐야 하잖아요. 그 행위에 집중하다 보면 머릿속에 엉켜 있던 생각들이 자연스레 정리되곤 해요. 수행도 결국 이런 반복을 통해 깨달음을 얻는 과정이라는데, 저는 차를 내리는 그 일련의 시간 자체가 참 매력적이에요.

보통 차라고 하면 정적인 시간을 떠올리잖아요. 진평 씨는 오히려 차가 더 활동적이었으면 좋겠다고 말씀하시더군요.

차는 어렵거나 꼭 격식을 갖춰야 한다는 생각들을 많이 하시는 것 같아요. 전통적인 이미지 때문에 조금은 고리타분하게 느끼는 분들도 계시고요. 요가나 명상을 통해 차가 조금 더 친숙해지긴 했지만, 저는 차가 지금보다 훨씬 더 활동적인 문화가 되었으면 좋겠어요. 러닝 후에 차를 마시거나 캠핑을 가서 즐길 수도 있으니까요. 저는 날씨가 좋을 땐 차실 대신 옥탑에 올라가 편하게 마시곤 해요. 차는 결코 거창한 게 아니에요. 일상의 다양한 라이프스타일 속에서 누구나 쉽고 편하게 즐기는 문화로 자리 잡았으면 하는 바람이에요.

차가 일상에 자리 잡기 위해, 스스로 부여한 역할이 있다면 무엇인가요?

저는 두 가지 측면에서 역할을 고민해요. 우선 소비자분들께는 차를 라이프스타일로 확장해 드리고 싶은데, 가장 빠른 방법은 역시 음식이나 디저트라고 생각해요. 그래서 티 페어링을 꾸준히 연구하고 있고, 지금 맡은 브랜드에서도 커피 없이 티와 디저트만으로 구성한 메뉴를 선보이며 저변을 넓히려고 노력 중이에요. 또 하나는 차를 업으로 삼는 후배들에게 길을 열어주는 역할이에요. 제가 첫 회사에 입사할 때도 '차 전문가'로 제안을 받았는데, '티 소믈리에'라는 직군을 만들어달라고 직접 요청했거든요. 사실 차를 공부해도 결국 일자리가 찻집에 한정되는 경우가 많아요. 차를 전공해 성공하고, 대기업 수준의 연봉을 받는 사례가 나와야 후배들도 꿈을 가질 수 있잖아요. 그래서 저는 이 분야의 직장인으로서 정말 높은 연봉을 받아보고 싶어요. 그래야 제 발자취를 보고 조금 더 확신을 갖고 이 길을 선택할 수 있을 테니까요.

성수 티룸의 바탕과 채움

구옥이 품고 있던 옛 흔적을 발견하고, 그 결에 맞춰
자신의 철학을 하나씩 채워 넣은 진평의 성수 티룸.

구옥의 옛 천장
다세대 주택 특유의 옛날 천장은 어릴 적 큰아버지 댁을
떠올리게 합니다. 아파트에서만 자란 제게 낡은 집의
쿰쿰한 공기는 오히려 친근한 기억이었죠. 빈티지와
앤티크를 좋아하는 저는, 이 천장을 보는 순간 '무조건
여기다'라는 확신이 들었어요.

마차 바퀴와 무쇠 주전자
중국 운남성에서 어렵게 공수해 온 마차 바퀴는 본래
주인의 소장품이었어요. 찻자리로 쓰고 싶어 간곡히
청한 끝에 비행기 승무원이 만류할 정도의 무게를
견디며 직접 들고 왔죠. 그 위 무쇠 주전자는 인사동에서
발견한 것이에요. 차를 좌우하는 것은 결국 물인데,
이 주전자에 물을 끓이면 물맛이 한결 달라지는 것을
느낄 수 있어요.

열매를 품은 티 테이블
저에겐 '나와 차를 마시면 누구나 차를 좋아하게
된다'라는 믿음이 있어요. 테이블 위 다섯 개의 붉은 점은
차를 통해 맺고 싶은 열매를 시각화한 것이에요. 차가
낯선 분들에게 그 매력을 오롯이 전해, 각자의 일상에
작은 변화가 시작되길 바라는 마음을 담았어요.

신정현 작가는 물레 앞에 앉아 흙의 중심을 잡고, 김유미 작가는 그 위에 붓을 들어 섬세한 숨결을 채운다. 부부이자 동료로 함께 걷는 토림도예의 일상은 매일이 수행이자 축제다. 가마를 열기까지 결과를 알 수 없기에 흙을 만지는 손길은 겸손해지고, 매번 마주하는 불 앞에서도 처음인 듯 낯선 기대를 품는다. 손끝의 감각으로 우리에게 꼭 맞는 두께를 찾아온 두 사람. 그들이 빚은 찻잔 속에는 비워낸 만큼 가득 찬 단단한 삶이 담겨 있다.

우리에게 꼭 맞는 두께

김유미·신정현—토림도예

에디터 황진아 포토그래퍼 박은비

아직 공개된 적 없는 토림도예의 새로운 쇼룸이라니, 문을 열고 들어오는 발걸음이 설렜어요. 제가 첫 손님인가요?

유미 맞아요. 정말 첫 손님이에요(웃음). 이전에는 작업실 한편에 쇼룸을 두고 운영해 왔는데, 기물이 하나둘 늘어나고 서브 브랜드인 '스튜디오 토림' 업무까지 겹치다 보니 공간이 점점 좁아지더라고요. 창작에 몰입해야 할 작업실이 쇼룸과 사무실 역할까지 감당하기엔 조금 벅찼던 것 같아요. 공간을 조금 더 효율적으로 사용하고 싶다는 고민 끝에 지금의 독립된 장소를 꾸리게 됐어요. 여기에서 차를 마시고 이따가 작업실도 함께 가봐요.

좋아요. 새로운 시작도 진심으로 축하드려요. 지금 내어주신 건 어떤 차예요?

유미 2013년 '신반장'이라는 보이생차예요. 이름 그대로 '신반장'이라는 마을의 차예요. 밸런스 좋은 바디감과 향긋함이 특징이죠. 요즘 제가 가장 자주 마시는 차이기도 한데요. 햇수로 10년이 넘은 차들은 확실히 맛이 더 부드러워지고 단단해지는 느낌이 들어요.

두 분이 공예학과에서 만나 결혼하고, 지금은 하나의 브랜드를 함께 일궈가고 계시잖아요. 수많은 도자기 영역 중에서도 차 도구에 집중하게 된 계기가 있나요?

정현 어머니께서 아주 오래전부터 차를 공부하셨어요. 공예라는 개념조차 모를 때부터 곁에서 차를 마시며 자란 셈이에요. 공예과에 가고 도자기를 전공하게 됐는데, 마침 다기를 만드시는 분의 공방에서 배울 기회가 생겼어요. 학교를 졸업할 때까지만 해도, 저는 수공예 도자기라고 하면 다기만 있는 줄 알았어요. 리빙 시장이 훨씬 크고 공방도 많다는 사실을 전혀 몰랐던 거죠. 당연히 다기를 만들어야 하는 줄 알고 자연스럽게 이 길을 시작했어요.

무의식 속에 남은 어린 시절의 기억이 자연스럽게 작가님을 이끈 걸지도 모르겠어요.

정현 아무래도 그렇겠죠. 집에서 공부하고 있으면 어머니가 사발에 차를 우려서 갖다주시고, 냉장고에 냉침된 차가 있으면 늘 물처럼 마시곤 했어요. 군대에서 야간 근무를 나갈 때도 큰 통에 보이차를 우려 가서 마셨던 기억도 있어요. 그때는 지금 같은 찻자리 개념이 드물었고 차 종류도 다양하지 않았죠. 저희가 연애할 때만 해도 차실을 찾아보면 정말 몇 군데 없었거든요.

유미 인사동에 가면 보이차 판매점 옆에 조그맣게 시음해 보는 공간이 있는 정도였어요. 잎차는 일단 차를 파는 곳에 가야 마셔볼 수 있었거든요. 당시 홍대입구역 근처에 '두레차'라는 곳이 있었는데요. 그때도 "왜 이런 곳에 이런 게 생겼지?" 하면서 둘이 데이트 겸 자주 갔어요. 남편이 백차를 마시면 저는 다른 걸 시켜서 나눠 마셔보기도 하고요. 카페 대신 거길 아지트처럼 드나들던 기억이 나네요.

유미 작가님은 그때 본격적으로 차를 접하신 거예요?

유미 네. 처음엔 신기하긴 한데, 약간 올드한 느낌이었고 맛도 잘 모르겠더라고요. 저한테 차가 좋은 기억으로 남은 결정적인 계기는 시어머니를 처음 뵙던 날이에요. 연애할 때였는데, 남편이 어디 가는지 말도 안 해주고 다짜고짜 "맛있는 거 먹으러 갈래?" 묻더라고요. 학교에서 작업복 차림 그대로 따라나섰는데, 도착해 보니 남편 집인 거예요. '엄마가 사주는 맛있는 거'에서 '엄마가 사주는'을 쏙 빼고 말한 거죠. 심지어 어머님께도 제가 간다는 말씀을 안 드렸던 모양이에요. 당시 어머님은 마당에서 잡초를 뽑고 계셨거든요. 아들이 예고도 없이 여자친구를 데려와서는 "저녁 좀 사줘." 하니 얼마나 당황하셨겠어요.

상상만 해도 아찔하고 유쾌한 첫 만남인데요(웃음).

유미 이왕 이렇게 된 거 잘 놀다 가야겠다 싶어 기다리는데, 어머님이 TV라도 보라며 채널을 틀어주셨어요. 마침 제가 정말 좋아하는 〈무한도전〉이 나오고 있었거든요. 긴장도 잊고 거실에서 박장대소를 하며 봤는데, 나중에 들어보니 어머님이 그 모습을 보고 속으로 '쟤 참 괜찮은 애구나.' 생각하셨대요(웃음). 조금 뒤에 어머님이 옷을 갈아입고 나오셔서 차를 내려주셨어요. 마주 앉아 대화하는 건 처음이라 무척 떨렸는데, 저한테 많은 질문을 하진 않으시고 남편과 대화를 나누시면서도 제 잔이 비면 말없이 계속 차를 채워주시더라고요. 저는 어색한 마음에 그저 주는 대로 계속 마셨고요. 그런데 그 순간이 참 좋았어요. 저를 쳐다보고 있지는 않지만, 세심하게 배려하며 신경 써주고 계신다는 게 온몸으로 느껴졌거든요. 그 자리가 너무 인상깊어서 '차가 정말 좋은 건가?'라는 생각을 그때 처음 했어요.

그런 개인적인 경험들이 모여 '토림도예'라는 구체적인 이름으로 세상에 나오기까지 어떤 과정이 있었나요?

정현 시작은 제가 대학원에 진학할 무렵이었어요. 어머니가 워낙 오래 차 공부를 하셨으니, 주변 지인분들께 "아들이 이런 작업을 하는데 물건 한번 써보겠느냐."며 가볍게 소개해 주셨죠. 어른들의 호의 덕분에 조금씩 납품을 시작하면서 자연스럽게 첫발을 뗐어요. 브랜드로 제대로 자리를 잡은 건 아내랑 결혼하고 시간이 조금 지난 뒤부터고요.

유미 신혼 때는 하루에 서너 시간씩 차만 마셨어요. 그때는 주문도 별로 없어서 시간이 참 많았거든요. 경제적으로 여유는 없었지만요(웃음). 오히려 그렇게 차 마시다가 마음 내킬 때 작업을 시작하던 그때가 참 즐거웠어요. 무언가에 쫓기지도 않고, 부담도 없고, 책임질 것도 없던 시절이었으니까요.

정현 경기 안성에 '바우덕이 축제'라는 큰 행사가 있어요. 당시 저희 집 근처라 물레 체험 부스를 신청해서 나갔는데요. 그때 번 돈 150만 원 정도에 돈을 보태서 물레 한 대를 더 샀어요. "우리 나중에 토림도예로 못 먹고 살게 되면, 이 물레 들고 전국 시장을 돌자."고 약속할 정도였어요. 그렇게 3년 정도 축제에 참여했는데, 다행히 그 뒤로 토림도예가 조금씩 알려지면서 더는 축제에 나가지 않아도 괜찮아지게 되었죠.

작업을 이어오시면서 정립하게 된 브랜드의 중심축은 무엇이었나요?

정현 처음에는 생계가 가장 중요했어요. 그러다 어느 정도 자리를 잡아가며 우리가 무엇을 지향하는지 서서히 깨달았죠. 저희는 사용성과 기능성을 정말 중요하게 여기더라고요. 어떻게 하면 사용감에 더 집중할 수 있을까 고민하며 끊임없이 직접 써봤어요. 그 과정에서 사용감이 나쁜 것들은 과감히 탈락시키면서 지금의 형태를 갖추게 됐죠.

만드는 이와 쓰는 이의 입장이 다를 텐데, '좋은 사용감'의 기준은 무엇이었나요?

유미 사용감이라는 게 말로 정의하기가 참 어려워요. 저도 남편이 만든 다기 외에 다른 작가님들 작품을 많이 사서 모으거든요. 예쁘거나 유명해서 산 것도 많죠. 그런데 차를 마시려고 무의식중에 손을 뻗어보면, 항상 잡히는 것들은 정해져 있더라고요. 그게 왜 다른지 생각해 보면 디테일의 차이예요. 원하는 만큼 물줄기가 시원하게 빠지는지, 손잡이를 잡았을 때 긴장감이 느껴지지는 않는지, 잔을 들었을 때 불안함이 없는지 같은 것들이요. 공예품은 쓰여야 비로소 완성되는 예술품이잖아요. '사용감을 배제하고 공예라고 할 수 있을까'라는 고민을 남편과 많이 나눴어요. 무의식적으로 손이 가는 이유를 파악해 보고, 만들고 써보기를 반복하면서 '좋은 사용감'의 기준을 찾아 나갔죠.

정현 물론 제작자인 저에게는 기물마다 고유한 최적의 치수가 분명히 존재해요. 하지만 이건 쓰는 사람에 따라 다르게 받아들여지거든요. 내 손에는 편해도 누군가에겐 불편할 수 있으니까요. 결국 제가 생각하는 좋은 기능성이란 '얼마나 많은 사람이 공감하는가'에 달려 있다고 봐요. 많은 분이 써보고 편하다고 공감해 주실 때,

비로소 좋은 기능을 가진 기물이 되는 거죠.

결국 '나에게 좋은 사용감'에서 출발하되, 결과물이 더 많은 이에게 닿을 수 있도록 보편적인 공감을 얻는 지점을 고민하고 균형을 찾으신다는 말씀이군요.

유미 맞아요. 한때 남편이 기물을 극한까지 얇게 만드는 데 몰입한 적이 있어요. 본인의 작업 스타일이기도 했고요. 제가 옆에서 보다가 농담 반 진담 반으로 "이러다 기화하겠어, 이건 너무 얇지 않을까?"라고 말려도 작가 특유의 고집이 있어서인지 잘 통하지 않더라고요(웃음).

정현 예전에는 얇으면 얇을수록 실력이 좋고 훌륭한 작업이라고 생각했어요. 그런데 직접 해보니 무조건 얇은 게 정답은 아니더라고요. 기능성에 부합하는 '가장 좋은 두께'가 따로 있다는 사실을 깨달았죠. 만약 그때 끝까지 가보지 않았다면 지금도 제 고집만 내세우고 있었을지 몰라요. 이제는 한쪽으로 치우치기보다 사용자가 편안함을 느끼는 최적의 밸런스를 찾는 데 훨씬 더 집중하고 있어요.

방금 유미 작가님은 공예품은 쓰여야 비로소 완성되는 예술품이라고 하셨죠. 오직 공예만이 전할 수 있는 매력이나 가치는 무엇이라고 생각하세요?

유미 예술품이 감상을 통해 온전한 감동을 준다면, 공예품은 결국 '쓰임'에 가치가 있다고 봐요. 장식장에 모셔두는 게 아니라, 깨질 것을 감수하고서라도 매일 꺼내 쓰는 기쁨을 누리게 하는 것이죠. 단순히 기능이나 편의성만 따진다면 공산품이 우위에 있겠지만, 공예품만이 줄 수 있는 감동이 분명 있을 테니까요.

정현 이 부분에 첨언하면, 잘 만들어진 공산품 역시 감동을 줄 수 있다고 생각해요. 아이폰처럼 막대한 자본과 인력이 투입된 물건은 공예품이 도달할 수 없는 완결성이 있죠. 다만 공산품은 다수를 만족시켜야 살아남기에 뾰족한 부분은 덜어내고 뭉툭한 부분은 다듬어서 만들어지는, '꽉 찬 육각형' 같은 물건이에요. 반면 공예품은 뾰족한 삼각형이나 송곳 같아요. 효율이 안 나와서, 단가가 안 맞아서, 혹은 대중성이 없어서 공산품으로는 선택받지 못하는 영역을 당당하게 선택해서 밀고 나갈 수 있는 매력이 있거든요. 모두를 만족시키기보다 장점을 극한으로 다듬어서, 공산품으로는 흉내내지 못하는 물건을 만들어내는 게 공예품이 해야 할 일이라고 생각해요.

대중의 공감과 작가만의 고집 사이에서 균형을 잡는 일이 결코 쉽지 않을 것 같아요.

정현 저희는 그 지점을 '설득의 영역'이라고 봐요. 내가 세상에서 제일 뾰족한 송곳을 만들었다면, 이 송곳이 얼마나 매력적인지 손님들을 설득하는 과정이 필요하죠.

저희 물건을 선택한 분들이 기물을 손에 쥐었을 때
그 뾰족함에 공감해 주신다면 그걸로 충분해요. 물론
그 설득력을 갖추기 위해선 저희가 한 말에 합당한
완성도의 물건을 내놓아야 하겠지만요.

유미 가장 좋은 설득은 달없이 보여주는 거라고 생각해요.
내가 이 기물을 매일 얼마나 잘 쓰고 있는지, 차를 마시며
삶이 어떻게 풍요로워졌는지를 보여주는 거죠. "저 사람
참 좋아 보이는데, 차를 가시네? 나도 한번 마셔볼까?"
하는 마음이 들게 하는 것이 더 큰 힘을 갖더라고요. 한동안
SNS에 작업 과정을 공유하는 게 힘들어서 인스타그램
권태기가 온 적이 있어요. 이유를 고민해 보니, 제가 하고
싶은 설득은 "나는 작업을 이렇게 해."라고 내세우는
방식이 아니었더라고요. 대신 "오늘 이 차를 마셨더니
좋았어."라며 그날의 찻자리 세팅과 생각을 기록하는 게
훨씬 편안하고 즐거웠어요.

**진솔한 일상이 오히려 사람들에게 더 잘 닿았을 것
같아요. 차를 표현하는 방식도 그와 비슷한가요?**

유미 네. 처음 차를 접할 때 저 역시 막막했거든요. 종류는
왜 이렇게 많고, 어디서 사야 할지도 모르겠고요. 청차라고
해서 보면 그 안에도 종류가 수십 개나 됐었죠. 그래서
저는 최대한 쉽게 풀어서 이야기하려고 해요. "오늘 습도가
높아서 발효도 높은 청차를 마셨어. 그러면 향이 훨씬 잘
느껴지거든."처럼요. 복잡한 공법 설명은 사실 잘 와닿지
않잖아요. 저희는 부부싸움을 할 때도 차를 마시는데요.
저는 남편이 찻잔을 비우면 말없이 계속 채워줘야 하고,
남편도 따뜻한 온기가 돌면 기분도 누그러지니 언성이
높아질 겨를이 없어요. 스스로 마음의 템포를 조절하며
여유를 찾는 기분, 더 많은 분이 이 감각을 느껴보셨으면
좋겠어요. 저희는 토림도예 제품을 많이 파는 것보다
차 마시는 문화 자체가 좋으니 다 함께 향유했으면 하는
마음이 커요.

**브랜드가 알려지기까지 약 3년이라는 시간 동안,
현실적인 불안을 이기고 계속 나아갈 수 있었던 동력은
무엇이었어요?**

유미 무엇보다 작업하는 시간 자체가 제일 좋았어요.
통장 잔고가 바닥났을 때 제가 "마트 캐셔 알바를
할까?" 물었더니, 남편이 "그럴 바엔 그냥 작업해."라고
하더라고요. 대안도 없는 막막한 말이었는데, 이상하게
그 말을 들으면 안도가 됐어요. 그 믿음으로 버티다 보면
신기하게도 한 달을 먹고살 수 있는 일감이나 손님이
찾아오더라고요. 정말 죽으란 법은 없구나 싶었죠.

정현 그때는 가진 게 없어도 고집이 있었어요. '돈을
번다면 무조건 도자기로 벌어야 한다.'는 생각이었죠.

다른 데 정신을 쏟으니 내가 잘할 수 있는 걸 계속하자는
주의였어요. 조금 힘들다고 눈을 돌리면 결국 지향점에서
점점 멀어지거든요. 힘들어도 이겨내야 그다음이 있다고
믿어요. 저는 이 작업을 사랑하지만 물레 앞에 앉는 게
제일 힘들기도 해요. 그렇지만 참고 견뎌야 비로소 얻을 수
있는 성취감이 분명 존재하니까요.

유미 직원 채용을 할 때 학교 후배들이나 혼자 작업하는
친구들이 지원하곤 해요. 보내준 포트폴리오를 보면 참
훌륭한데, 당장의 생활비 때문에 지원했다는 게 보일
때가 있어요. 그럴 땐 "지금 돈 때문에 너의 재능과
시간을 여기서 쓰면 안 된다. 무조건 너는 작업만 해라."
하고 돌려보내곤 했어요. 실제로 그렇게 해서 지금
잘나가는 공예 작가로 자리잡은 친구들도 있어요. 저희가
아니었어도 잘될 친구였겠지만, 제 길을 잘 가고 있는
모습을 보면 괜히 뿌듯하더라고요.

**직접 그 시간을 통과해 왔기에 건넬 수 있는
조언이겠지요. 공예가로서, 혹은 공예 브랜드를 만드는
사람으로서 필요한 태도는 무엇일까요?**

유미 무엇보다 '꾸준함'이에요. 브랜드를 각인시키는 첫
계단은 높지만, 한 번 올라서면 다음은 조금씩 수월해져요.
고비를 넘길수록 계단의 높이는 낮아지고 폭은 짧아지죠.
사람들이 브랜드를 기억하고 다시 찾는 시간도 점점

단축되고요. 요새는 유행에 맞춰 빨리 변하는 모습이
안타까울 때가 있어요. 처음 각인이 되기까지는 시간이
걸리더라도, 작가는 자기 것을 묵묵히 밀고 나가야 한다고
생각해요.

정현 반대로 제작자 입장에서는 그 계단이 조금 다르게
보여요. 만드는 사람에게 계단은 갈수록 점점 더
높아지거든요. 입문 초기에는 실력이 느는 게 확연히
보이지만, 지금은 1년 반 정도는 쏟아부어야 비로소
"성장했구나." 하는 감각이 와요. 비유하자면 F1 자동차가
속도 1-2킬로미터를 더 내려고 수십억 원을 들이는 것과
비슷해요. 한계점에 다다를수록 마지막 1-2퍼센트를
채우기 위한 노력은 기하급수적으로 늘어나거든요.
예전에는 공부하는 단계라 아는 만큼 팍팍 올라갔지만,
이제는 내 기준이 확고해진 상태에서 스스로 모르는
영역을 넘어서야 해요. 무엇을 더 걷어내고 어디에
집중해야 할지 찾는 과정이 너무 고통스럽기도 하고요.
그런 상태에서 1년 반을 견디다 보니, 최근에야 겨우
한 계단을 올라온 기분이에요.

**그 시간과 정성이 기물에 고스란히 담겨 있기에 받는
이들도 오롯이 느낄 수 있는 것 같아요.**

정현 저는 물건을 만들 때 '혼을 담는다'고 표현해요.
제 일부를 떼어 넣는다는 마음으로 작업하죠. 그래서
늘 애정을 쏟아야 하고, 작업할 때의 기분도 중요해요.

수치로 증명할 수는 없지만 확실히 체감하는 지점이
있어요. 페어에 참여해서 수많은 기물을 내놓았을 때,
제가 에너지를 최대치로 쓰고 기쁘게 만든 물건이 가장
먼저 팔려요. 언제나 그랬어요. 참 신기하죠.

유미 작업하다 보면 유독 마음이 가는, 정말 만족하는
기물이 나오거든요. 너무 아까워서 "이건 팔지 말자." 하고
구석에 숨겨둬요. 그런데 손님들이 가장 먼저 그걸 찾아서
꺼내 오세요. 안 판다고 말씀드려도 몇 번이나 다시 와서
청하시는 분도 계시고요.

**오랜 세월을 함께 걸어온 이 브랜드가 두 분에겐 어떤
존재인가요?**

정현 떼려야 뗄 수 없는 제 삶 자체죠.

유미 고마운 존재예요. 최근에 첫째 딸 서아 덕분에 그런
마음이 더 깊어졌어요. 서아가 학교 선생님께 감사 편지를
썼는데, 편지지에 찻잔을 그리고 '토림도예'라고 엄청
크게 써놓았더라고요. 선생님 말씀이, 서아가 평소에도
엄마 아빠는 이런 걸 만드는 사람이고 집에서 다 같이 차를
마신다며 자랑을 자주 했대요. 서아가 집에서는 딱히 티를
내지 않아서 몰랐는데 아이가 부모의 일을 뿌듯해했다는
얘길 들으니 '내가 잘 살고 있구나.' 하고 인정받은
기분이었어요. 손님들의 어떤 칭찬보다 훨씬 더 고맙고
뿌듯했죠. 이 일을 하고 있다는 사실 자체가요.

쓰임으로 완성되는 진심

토림도예가 걸어온 시간 속에서 유독 깊은 진심이 머물렀던
두 가지 기물을 꺼내어 본다.

유미가 고른 기물

빈티지 블루 높은잔
토림도예의 시작부터 지금까지 가장 오래 연구하고
함께한, 상징 같은 잔이에요. 사실 찻잔으로는 굽이
좁고 높은 형태를 좀체 시도하지 않아요. 그만큼 고민과
과도기의 과정이 길기도 했습니다. 보기에는 긴장감이
감돌지만, 굽 안쪽을 흙으로 채워 무게 중심이 아래에
딱 잡히게끔 작업했어요. 사용해 보면 의외로 든든하고
사용감이 좋아요. 이 잔을 작업하고 나서부터 사람들이
토림도예를 많이 알아봐 주셨어요. 저희의 궁극적인
목표에 한 걸음 다가간 것 같아 애정하는 기물이기도
합니다.

정현이 고른 기물

백련개완
토림도예가 할 수 있는 최대치의 역량을 쏟아부은
개완이에요. 균일한 두께를 유지하면서 곡선이 주저앉지
않고 버틸 수 있는 극한의 온도, 1370℃에서 구워내요.
가마에 무리를 많이 주기에 1-2년에 한 번 정도밖에
작업하지 못해요. 이렇게 구워낸 백련개완은 유약이
완전히 유리질화되어 차 맛의 해상도가 놀라울 정도로
높아요. 오죽하면 중국에서 가장 좋은 차를 가리는
'투차'를 할 때 이 개완을 챙겨 갈 정도니까요. 토림도예의
기술과 고집이 정직하게 담긴 백자라고 할 수 있어요.

향긋한 여백의 온기

JO & DAWSON

일상에서 한 발짝 떨어지고 싶은 날, 나는 조앤도슨이 만든 작은
세계로 향한다. 가까운 골목에서부터 나를 맞이하는 달콤한
향기는 곧 아늑한 쉼이 시작된다는 신호다. 흰옷을 입은 사람들이
향긋한 밀크티를 끓이고, 도톰한 프렌치토스트 위로 김이
모락모락 피어나는 공간. 따뜻한 잔을 감싸 쥔 채 이곳에 머무는
동안, 나는 어쩐지 조그만 위로를 얻은 기분이 든다.

에디터 차의진　포토그래퍼 최모레

취향에서 시작된 정성

나무 마루, 낮은 조도로 아늑한 오두막처럼 느껴지는 이곳.
연남동 조용한 골목에 자리한 여섯 평 공간에서 조앤도슨은
처음 시작되었다. 주인장 권소희, 박지웅 대표는
오래전부터 차와 디저트를 만들고, 작은 팝업을 열어왔다.
그 시간 동안 '우리가 좋아하는 감각'을 차곡차곡 쌓은
두 사람은 취향이 온전히 깃든 가게를 꿈꿨다. 그렇게
탄생한 조앤도슨은 밀크티와 블렌딩 티를 중심으로,
차와 어울리는 디저트를 선보인다. 특히 프렌치토스트는
많은 사랑을 받아 이곳의 시그니처 메뉴로 자리 잡았다.
조앤도슨은 각각 〈작은 아씨들〉(1994)의 조 마치Jo March,
〈타이타닉〉(1997)의 잭 도슨Jack Dawson의 이름에서
따온 것. 권소희 대표가 가장 좋아하는 영화 속
인물들이다. 이름을 비롯해 음식, 향, 음악, 분위기까지
어느 것 하나 두 사람의 취향과 태도가 깃들지 않은 것이
없다. 연남 본점은 밀크티와 음식이 만들어지는 조리
공간이 가장 먼저 손님을 맞이하고, 앤틱한 목재 가구가
내부를 채운다. 좁은 복도가 공간 곳곳을 잇는 덕에 마치
누군가의 집에 들어선 듯한 기분이 든다.

"손님들이 이곳에서 무언가를 소비하기보다
사랑하는 사람과 소중한 시간을 보내고, 자신의
호흡을 되찾길 바라요. 우리가 준비한 공간과
음식, 접객을 충분히 누리면서 일상의 속도를
잠시 늦추는 시간이 되었으면 해요."

섬세한 접객에서 정성 어린 마음으로 차를 나누는
태도가 비친다. 단순히 음료를 제공하는 공간이 아닌
일상의 여백을 선물하는 가게. 입구에 걸린 문장 "We
are honored to serve tea and milk tea to the
community(차와 밀크티를 대접할 수 있어 영광입니다.)"가
결코 빈 인사가 아님을 확인하며, 입안과 옷깃에 남은
밀크티의 은은한 향을 머금고 골목을 나선다.

조앤도슨 연남

A. 서울 마포구 동교로41길 31 지층 좌측
O. 매일 10:00-20:00

사이 좋은 음식이 모여

밀크티는 권소희 대표가 어릴 때부터 가장 좋아하던
음료다. 섬세하면서도 부드럽고, 기분 좋은 향이 오래
남아 즐겼다고. 관심은 공부로 이어졌고, 권소희 대표는
블렌딩까지 시도하며 맛에 대한 기준을 세워갔다.
조앤도슨의 밀크티는 아쌈, 호지, 스트로베리 세 종류다.
아쌈은 특유의 초콜릿, 몰트 향이 나 풍미가 진하다. 호지는
녹차를 한 번 더 덖어내 고소한 맛을 낸다. 스트로베리는
아쌈과 말린 딸기를 블렌딩해 향긋함을 찾는 이들에게
추천한다.

"차의 구조 위에 우유의 질감이 더해져
비로소 완성되는 밀크티는, 부드럽지만
단순하지 않은 음료예요. 마냥
달콤한 음료로 만들고 싶지 않았고,
향이 먼저 온 뒤에 여운이 남는 구조를
중요하게 생각했어요."

권소희 대표가 음료를 개발하는 동안, 박지웅 대표는
티 메뉴와 페어링할 만한 디저트를 준비했다. 두 사람이
좋아하면서도 맛이 강하지 않고, 그렇다고 가볍지도
않은 것이 기준이었다고. 그렇게 탄생한 프렌치토스트는
달콤함과 따뜻함을 강조했고, 치즈케이크는 풍미와 밀도를
중요하게 생각하며 완성되었다.
나는 이곳을 찾을 때 밀크티와 무척 잘 어울리는
프렌치토스트를 주문한다. 조앤도슨의 프렌치토스트는
감각적인 은색 접시 위에 앉아, 말돈 소금과 메이플 시럽을
곁에 두고 있다. 먼저 메이플 시럽에 촉촉하게 적셔
먹어보고, 다음엔 말돈 소금을 살짝 찍어 먹는다. 사람들이
조앤도슨에 길게 줄을 늘어서는 이유도, 내가 경험한 작은
행복 덕분일 것이다.

일상의 틈에 머물 수 있도록

연남 본점에서 그리 멀지 않은 곳에는 두 번째 공간
'조앤도슨 티룸'이 있다. 조앤도슨 티룸은 오로지 차에
집중하는 공간으로, 연남 본점과 달리 커피 메뉴를 두지
않았다. 나무가 비치는 시원한 창을 곁에 두고 테이블
위에 놓인 블렌딩 티의 향을 맡으며, 오늘 어떤 차를
마실지 천천히 고민해 본다. 널찍하고 밝은 공간에서 차에
집중하는 시간은 연남 본점과는 또 다른 결의 쉼을 건넨다.
조앤도슨이 생각하는 차는 "잠시 멈추게 하는 장치"다.
빠르게 흘러가는 하루 속에서 컵 하나를 붙들고 머무는
시간. 누군가는 홀로 생각에 잠기고, 누군가는 소중한
사람과 일상을 나눈다. 조앤도슨은 그 여백의 시간을
정성껏 마련한 공간과 음식으로 채우고 싶다고 말한다.
조앤도슨은 2025년 겨울, 광화문에 세 번째 공간을
열었다. 직장인이 많은 지역인 만큼 '정돈된 여유'를
표현하고자 했고, 공간 역시 단정하고 차분한 분위기로
꾸며졌다. 조앤도슨의 클래식을 연남 본점에서는 빈티지한
감각으로 풀어냈다면, 광화문점에서는 이를 보다
현대적으로 다듬었다. 오픈 이후 많은 이들의 발걸음이
이어지며 조앤도슨의 밀크티는 도심 한가운데서도
따뜻하게 끓고 있다.

조앤도슨 티룸

A. 서울 마포구 성미산로29길 24 3층
O. 주말 10:00-20:00, 평일 휴무

조앤도슨 광화문

A. 서울 종로구 종로 33 타워1 상업시설 L2층 OA201호
O. 평일 07:30-20:00, 주말 10:00-20:00

조앤도슨의 블렌딩 티

"조앤도슨의 향이 일상에 좀 더 가까워지길 바라며 블렌딩 티 티백을 만들었어요. '집에서도 흔들리지 않는 맛'을 추구했고 향, 재료, 색감, 페어링을 중요하게 생각했습니다."

1. 화이트 피더

금목서의 꽃 향과 열대과일의 달콤함이 어우러진 백차. 녹차, 홍차보다 카페인이 적어 카페인이 부담스러운 사람도 즐기기 좋다.

2. 루이보스 마머

부드러운 바닐라와 크림 향을 더한 루이보스. 카페인이 없어 늦은 밤 따뜻하게 마실 수 있다.

3. 카라멜 코코

묵직한 잉글리쉬 브렉퍼스트에 캐러멜과 초콜릿 향을 더한 홍차. 부드러운 달콤함이 훌륭한 디저트를 즐긴 기분을 선물한다.

4. 애프리콧 얼그레이

화사한 베르가못에 달큰함을 더한 향기로운 홍차. 살구와 리치의 달콤함이 얼그레이 향을 편안하게 바꿔준다.

공예가 예지와 상준은 어느 날 차 도구를 만들기 시작했다. 유리를 잘 아는 상준이 고온에서
녹인 유리에 숨을 불어넣어 부풀리면, 금속을 공부한 예지는 그 안에 은빛 공을 가둔다.
열은 옥색을 띠는 맑고 아름다운 도구들이 '물터'라는 이름으로 오른 찻자리. 안개를 닮은
잔에 두 사람이 차를 따르고 채우는 사이, 물터가 공예를 대하는 마음을 가만히 엿본다.

사물과 찻물의 터

김예지·최상준—물터

에디터 차의진　포토그래퍼 박은비

작업실에 초대해 주셔서 감사해요. 자기소개로 시작해 볼까요?

상준 안녕하세요. 브랜드 '물터'에서 블로잉 작업을 맡고 있는 최상준입니다.

예지 그 외의 것들을 모두 맡은 김예지입니다(웃음). 저는 블로잉 작업을 어시스턴트로 돕고, 블로잉 기법으로 제작한 유리 작품을 후가공해요. 디자인, 금속 작업, 기획, 촬영도 담당하고 있어요.

같은 대학에서 공예 디자인을 전공했지만, 세부 전공은 서로 다르다고 들었어요.

예지 저희가 다닌 대학은 금속, 유리, 도자 세 가지를 모두 배운 뒤 졸업 작품으로 선보일 전공을 선택해요. 저는 금속을, 상준이는 유리를 골랐어요. 금속을 선택하면 3D 프린팅, 옻칠 같은 다양한 기법을 작품에 접목하는 법을 배울 수 있었거든요. 대학원 때도 3D 프린팅과 금속을 접합하는 작업을 했어요.

상준 저는 계속 블로잉 기법에 빠져 있었어요. 유리라는 재료가 너무 예뻤죠. 투명하게도, 불투명하게도 표현할 수 있는 점이 매력적으로 느껴졌어요.

최근 서울에 작업실을 마련하게 된 계기가 궁금해요.

예지 저희는 캠퍼스 커플로 만났는데요. 대학원 졸업 후에 저는 한 박물관 작업실에서 3년 동안 입주 작가로 생활했어요. 입주 기간이 끝날 시점이 가까워 왔고, 이참에 서울로 가면 좋겠다 싶어서 상준이랑 같이 오게 되었죠. 집은 서울 외곽에 두고, 서울과 청주를 오가며 생활하고 있어요. 서울 작업실을 마련하고 새로운 기회와 만남이 많이 생겨서 재밌어요.

작업실을 서울에 두고 청주를 오가는 이유가 있나요?

예지 물터의 블로잉 작업은 청주에서, 후작업은 왕십리 작업실에서 진행하거든요. 블로잉은 유리를 녹이는 용해로가 필요한데, 365일 24시간 쉬지 않고 가동되어야 해서 유지비가 많이 나와요. 그래서 청주에 있는 블로잉실을 대관해 쓰고 있어요. 2년 안에 물터 작업실에 블로잉실을 들이는 게 목표예요.

대학에서 만나 각자 작업을 이어오다, 어떻게 브랜드를 함께 시작했는지 들려주세요.

예지 저희 작업은 오브제성 아트라 갤러리를 통해 거래해야 하는 등 대중이 쉽게 접하고 구매하긴 어려웠어요. 수익을 낼 수 있는 브랜드를 운영하면서, 개인 작업을 지속하는 체계를 만들고 싶었죠. 그렇게 유리가 주재료인 브랜드 물터를 구상했고, 유리 공예를

전공한 상준이랑 꼭 같이 하고 싶었어요.

상준 지금은 쉬고 있지만 물터를 시작하기 전에 유리 공예 작업 과정을 보여주는 유튜브도 해봤는데요. 혼자서 판매는 여러모로 어려웠고, 예지랑 같이 하는 브랜드가 있으면 좋겠다는 생각을 하던 차였어요. 예지의 제안에 물터를 같이 해보겠다고 했죠. 예지는 사람 만나는 걸 좋아하고, 전시 기획이나 디자인을 잘해요. 저는 사람 만나길 싫어하는 건 아니지만 (웃음) 작업실에서 조용히 몰두하는 게 잘 맞고요. 완전히 다른 성향이 브랜드 운영에 긍정적인 영향을 주고 있어요.

본격적으로 브랜드를 함께 운영해 보니 어때요?

상준 예지와 대화할 거리가 많아졌어요. 일에 관한 이야기라도 둘 다 좋아하는 분야니까 재밌죠.

예지 오래된 연인은 대화 소재가 떨어진다고 하잖아요. 저희는 이야깃거리가 절대 안 떨어져요(웃음). "오늘 주문 들어왔어!"부터 "작품을 어떻게 바꾸면 좋겠다.", "앞으로 이걸 해보자."처럼 많은 이야기를 해요.

물터는 공예품과 차 도구를 만드는 브랜드죠. 소개를 해주세요.

예지 물터는 '사물과 찻물의 터'라는 뜻으로, 직접 제작한 테이블웨어와 차 도구를 선보이고 있어요. 두 가지 키워드인 '사물'과 '찻물'은, 각각 공예품 그리고 차와 함께 보내는 아름다운 시간을 뜻해요. 공예품은 공산품과 다른 매력이 있어요. 많은 분들이 물터를 통해 그 매력을 직접 손으로 느껴보셨으면 해요. 그리고 차를 우리고 음미하는 시간은 수고롭게 느껴지겠지만, 결국 나를 대접하는 일이잖아요. 물터를 만나는 분들이 그 일을 소홀히 하지 않길 바라요.

'물터'라는 이름이 무척 아름다워요. 작품과도 잘 어울리고요.

예지 이름 후보를 메모장에 40-50개씩 적으며 고민했어요. 처음엔 '팅'처럼 귀여운 이름도 떠올렸는데요. 같은 이름의 브랜드가 이미 있어서, 기존 후보들을 모두 지우고 물터를 통해 무엇을 말하고 싶은지부터 다시 생각했어요. 그렇게 우리가 선보일 공예품을 '사물'이라는 단어로 정리하게 되었고, '사물과 찻물의 터'라는 지금의 슬로건이 나오게 됐죠.

브랜드의 중심에 차를 두게 된 계기가 궁금해요.

예지 저는 카페인에 약해서 카페에 가면 주로 차를 마시거나 연한 디카페인 커피를 주문하는 편이었어요. 그렇다고 차를 깊이 공부한 건 아니고, 그저 즐겨

마시는 정도였죠. 차를 브랜드 키워드로 삼게 된 계기는
대학원 시절 상준이와 떠난 파리 여행에서 '오가타'를
방문한 경험이었어요. 오가타는 이솝 도쿄 스토어를
설계한 디자이너 오가타 신이치로가 만든 라이프스타일
부티크예요. 한 건물 안에 지하는 티룸이자 시향 공간,
1층은 공예품을 전시한 갤러리, 2층은 다이닝 공간으로
구성되어 있어요. 차가 궁금해 그곳을 찾았는데, 브랜딩이
무척 잘되어 있고 공간이 너무 아름다운 거예요. 저는
그동안 차를 다소 올드한 이미지로 생각해 왔는데,
오가타를 보고 차를 트렌디하고 아름답게 표현할 수
있다는 걸 깨달았어요. 그때부터 '한국의 오가타'를 만들어
보고 싶다는 꿈이 생겼어요.

**여행에서 돌아와 브랜드를 시작하기까지 어떤 시간을
지나왔어요?**
예지 우선 차를 잘 알아야 한다고 생각해서
'맥파이앤타이거'를 비롯한 여러 티룸에서 아르바이트를
시작했어요. 그 후로 티 소믈리에 자격증도 땄고요. 나중에
브랜드를 만들면 제가 일한 티룸과 협업하고 싶다는
바람이 있었는데, 물터를 시작하고 맥파이앤타이거에서
기획하는 공예 전시 〈모난장〉에 매년 참가하게 되었죠.
개인 작업과 병행하다 보니 물터 시작까지 4년의 시간이
걸렸어요. 길다면 길고 짧다면 짧은 시간인데, 이 시간이
없었으면 지금의 물터도 없었을 거예요.

**차를 진심으로 대하려는 마음이 느껴져요. 그때 경험이
물터에 어떤 도움을 주나요?**
예지 제품 디자인할 때 도움을 많이 받아요. 제가 근무했던
한 티룸은 입구가 좁고 몸통이 넓은 수구를 사용해서
얼음 넣기가 정말 어려웠어요. 그때 '나는 나중에 입구가
넓은 수구를 만들어야지!'라고 다짐했죠(웃음). 찻물 절수,
출수에 좋은 디자인도 자연스럽게 알게 되었고요.

상준 씨는 이런 예지 씨 모습을 지켜보면서 어땠어요?
상준 예지와 이야기를 자주 나눴지만, 어떤 브랜드를
하려는지는 명확하게 모르고 있었고, 티룸 알바나 티
소믈리에 자격증도 차에 대한 관심의 연장선이라고
생각했어요. 그런데 물터에 대한 구상을 처음 듣고 나서
꽤 놀랐고, '예지가 이런 생각 때문에 그런 활동을 했구나.'
싶었어요.

상준 씨가 차와 가까워진 과정도 들려주세요.
상준 사실 저는 차보다 커피를 좋아하던 사람인데요.
물터를 준비하면서 티룸을 정말 많이 다녔어요. 캐주얼한
분위기의 공간부터 다도 클래스까지 다양하게요. 지금은

집에서 찻자리도 하고요. 차가 주는 차분한 느낌이 좋아요.

**물터의 작업물은 특이하게 금속과 유리가 결합되어
있어요. 대표적인 제품은 유리잔에 동그란 은이 박힌
'실버볼 시리즈'죠. 쉽지 않은 기법이라고 하던데, 어떻게
완성했나요?**
예지 유리, 금속 작가가 모였으니 두 재료를 단순 조합
하기보다, 완성도 높게 조화시키고 싶었어요. 그런데
제가 선택한 재료 은은 색은 뽀얗고 예쁘지만 변색이 되는
아쉬움이 있었죠. 그래서 고안한 방법이, 유리잔 홈에 은을
넣고 그 위에 유리와 가장 비슷한 재료로 한 번 더 코팅을
하는 거예요. 이렇게 하면 변색도 줄이면서 접착성도
올라가고, 잔 씻을 때도 편하거든요. 이렇게 유리와 은을
결합하는 기법은 아마도 물터가 처음이지 않을까 싶어요.

평소 작업은 어떤 순서로 진행되는지도 궁금해요.
예지 제가 먼저 제품을 디자인하면 상준이가 블로잉으로
샘플을 만들어요. 그다음 제가 후가공을 맡고요. 제가
"이 디자인대로 만들어 달라."고 하면 상준이는
"안 된다."고 하고, 저는 "된다."고 하고요. 그러면
상준이는 또 안 된다고 하고…. 그런 대화가 자주
오가요(웃음).

끝내 구현하기 어렵다는 결론이 나기도 하나요?
상준 결국 하다 보면 돼요(웃음). 예지가 원하는 디자인대로
거의 완성하고 있어요.
예지 상준이는 제가 생각하는 우리나라 최고의
블로어예요. 정확하고, 빠르고, 진짜 잘해요.

**최고의 칭찬이에요(웃음). 물터는 '차의 일상화'를
꿈꾼다고 들었어요. 차를 가까이 두는 일상을 어떻게
만들어 가려고 해요?**
예지 보통 '차' 하면 예절, 규범 같은 단어를 먼저
떠올리시는 것 같아요. 마실 때의 수고스러움도요.
하지만 생각해 보면 차는 일상과 무척 친숙해요. 어릴 때
집에서 먹던 보리차도 차의 한 종류잖아요. 사람들이 차를
어렵게만 느끼는 게 아쉬웠고, 저희는 차를 일상에서 쉽게
마시도록 돕는 공예품을 만들고 있어요.

**편안한 차 생활을 돕는 도구를 만들기 위해 중요하게
생각하는 부분이 있나요?**
예지 도구 하나도 다양한 용도로 쓸 수 있게 만들어요.
예를 들어 차를 우리고 내리려면 주전자, 개완 같은 여러
도구를 사용하고 또 조심히 옮겨야 하는데요. 물터의
대표적인 작업물인 '소프트 숙우(끓인 물을 알맞은 온도로

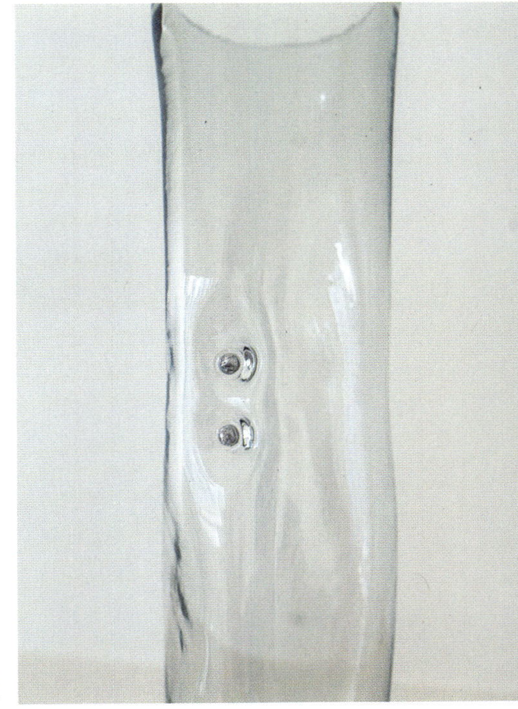

ⓒ물터

식히거나, 우려낸 차를 균일하게 섞기 위해 옮겨 담는 그릇)'는 티백을 넣어서 간편하게 우리고 따를 수 있어요. 찻잔도 술잔으로 쓸 수 있고요. 틀에 얽매이지 않아서 좋죠. 색도 튀지 않아 다른 도자들과 자연스럽게 어울리고요.

말씀하신 대로 물터는 옅은 옥색을 띠는 유리를 자주 사용하는 것 같았어요.
예지 맞아요. 제가 좋아하는 색이기도 하지만, 다른 색 유리와 접합했을 때도 예쁘거든요.
상준 이 색을 기본으로 여러 색 유리를 녹이고 합치면서 초록빛, 푸른빛을 가미하기도 해요. 그렇게 만든 도구는 바닥 평을 맞춰 테이블에서 흔들리지 않도록 만들고요.

마시는 이를 생각해 차 도구에 불어넣는 디테일도 있나요?
상준 제가 느끼기엔 잔과 입술이 닿는 부분의 두께가 너무 얇으면 차를 마시는 데 방해가 돼요. 그래서 찻잔을 2-3밀리미터 정도로 두께감 있게 만들어 차가 조금 더 부드럽게 넘어가도록 했어요. 출수 각도와 절수의 편리함과 더불어 그립감도 중요하게 생각해요. 여기 소프트 숙우는 가운데가 들어가 있죠? 최대한 손맛을 신경 써서 제작했어요.
예지 옆에 있는 잔처럼 불투명한 유리는 먼저 모래를 분사하는 '샌딩' 작업을 거치는데요. 이 작업까지만 하면 잔에 지문이 잘 남고 촉감도 그리 좋지 않아요. 저희는 이걸 한 번 더 가공해서 지문이 잘 남지 않게 하고, 부드럽게 만들어 마무리해요.

이렇게 만들어진 아름다운 차 도구가 찻자리에 어떤 영향을 준다고 생각하세요?
상준 시작부터 끝까지 한층 더 기분 좋은 찻자리를 즐길 수 있어요. 저희는 다른 작가님들의 공예품을 수집하기도 하지만, 주로 물터의 도구로 찻자리를 하는데요. 어떤 부분은 좋고, 어떤 점은 개선해야 할 것 같다는 이야기를 많이 나누니까 찻자리가 일의 연장선처럼 느껴질 때도 있어요. 그럼에도 확실히 도구를 통해 좋은 기분을 얻어요.

물터는 단독 전시를 두 차례나 열었죠. 예지 씨가 직접 차회도 진행했다고요.
예지 전시 관람객들이 물터의 도구로 직접 차를 마셔볼 수 있도록 했어요. 공예품은 직접 써봐야 미감을 알 수 있다고 생각하거든요. 많은 분들이 현장에서 구매를 결정하고, 차회에 온 분들이 물터에서 만나고 싶은 새로운 제품을 말씀해 주시기도 해요. 그때 나눈 이야기가 작업에 도움이 되기도 했어요. 제가 티 소믈리에 자격증도 있고 티룸에서

오래 일했다 보니까 차회가 어렵게 느껴지지는 않아요.

개인 작업에 대해서도 이야기 나누어 볼게요. 상준 씨의 '비어드맨'은 어떤 작품인가요?
상준 자화상 캐릭터 시리즈예요. 수염에 숨은 듯한 사람으로 숨기고 싶은 제 모습을 표현했어요. 블로잉으로 가공한 유리를 깎아서 패턴이나 표정을 만들죠. 물터 작업과는 정반대 느낌의 튀는 색을 사용하고 있어요. 물터가 일이라면 비어드맨은 취향 같은 느낌으로, 제가 실험하고 싶은 것들을 만들어 가고 있어요.

'매지몽'이라는 이름으로 선보이는 예지 씨 작업물도 소개해 볼까요?
예지 매지몽은 제가 전하고 싶은 이야기를 아트 퍼니처로 만드는 작업이에요. 거울, 조명처럼 부피가 큰 작업물을 주로 만들죠. '상상'을 키워드로 '만약 ~라면'이라는 전제를 설정하고 거기에서 비롯된 스토리를 조형화한 작업이에요. 예를 들어 '만약 나만의 세상이 있다면 어떤 친구들이 살까?'를 주제로 캐릭터를 만들어 내기도 하고, '지금 앉아 있는 의자 밑에 곰팡이가 사는 지하 세계가 있다면 어떨까?'를 주제로 작품을 만들어요.

개인 작업과 병행하면서 앞으로 물터를 어떻게 꾸려가고 싶나요?
예지 예전엔 티룸을 꾸려볼까도 생각했는데, 공예를 다루는 브랜드 정체성이 모호해질 것 같아요. 작업실을 키우고 물터가 제작하고 큐레이션한 물건으로 가득한 스테이를 열고 싶어요. 물터의 모든 것을 경험할 수 있는, 그런 공간이요.

H. Instagram.com/mul.teo

물터 바깥,
비어드맨과 매지몽의 세계

김예지, '만약 깨진 거울 조각을 심으면 어떤 식물이 자랄까?'(2023)

자유롭게 뻗어 나가는 두 공예가의 표현과 상상.

최상준, 'Beardman.57'(2026)

뚝섬 한강공원 근처의 작은 가게. 알 만한 사람들은 모두 안다는, 맛있는 디저트와 홍차를
함께 내어주는 곳이다. 이곳에서 두 모녀는 오늘도 바지런히 움직인다. 차를 공부해 온 엄마는
아래층에서 차 문화를 가르치고, 그 위층에서 딸은 디저트를 만든다. 소박한 두 모녀의 공간에
초대된 날, 이곳이 문을 닫던 날 왜 그토록 많은 이들이 고마움과 아쉬움을 전했는지 알 것
같았다. 모녀가 끝내 놓지 않았던 따뜻하고 달콤한 진심이 여전히 가게에 머물고 있었으니.

다시 돌아와, 달콤하게

장주연·양경옥—뚝방길 홍차가게

에디터 차의진 포토그래퍼 박은비

예쁜 디저트와 차 내어주셔서 감사해요. 가게를 가득 채운 고소한 냄새가 정말 좋아요.
주연 (조심스럽게) 혹시 디저트는 사진 촬영 후에 드셔야 하는 거죠? 그럼 차부터 마셔 보세요. 초콜릿 스콘도 막 굽기 시작해서 조금 있다 드릴게요.

잘 먹겠습니다(웃음). 음, 차가 맛있어요. 어떤 차인가요?
경옥 중국의 '야생홍'이라고, 사람이 가꾸지 않은 야생 차나무에서 난 잎으로 만든 홍차예요.

준비해 주신 것처럼, 뚝방길 홍차가게는 디저트와 차를 함께 즐길 수 있는 곳이죠?
주연 맞아요. 제가 만든 디저트와 엄마가 우리는 맛있는 차를 선보이는 공간이에요. '뚝방길에 있는 홍차가게'라는 소박한 이름처럼, 거창한 기대 없이 온전한 제 취향의 디저트를 차와 함께 내어주고 싶어서 시작했어요. 매장 한쪽에서는 제가 파티세리 클래스를 진행하고, 엄마는 아래층 홍차 교실에서 차 수업을 열고 계세요.

디저트와 다양한 차를 함께 내어주고 싶은 이유가 있었나요?
주연 와인이 음식과 페어링했을 때 마리아주가 좋듯이, 차도 디저트에 곁들일 때 맛이 살아나곤 하거든요. 커피도 물론 좋지만, 디저트의 맛을 살려주지 않는 경우도 있어요.
경옥 차와 음식의 결합은 굉장히 중요해요. 전 세계를 봐도 차는 항상 다식과 함께죠.

생각해 보니 정말 그러해요. 요즘은 일주일에 하루만 가게를 연다고 들었어요.
주연 2018년에 가게를 시작했다가, 육아로 2025년 초부터 1년 정도 휴업을 했어요. 작년 11월부터 파티세리 클래스만 다시 열었고요. SNS에 클래스 공지를 올릴 때마다 오래된 단골들이 디저트를 구매할 수 있는지 많이 물어보셨어요. 그래서 토요일 하루만 예약 픽업으로 디저트를 판매하기 시작했는데요. 멀리서 찾아오신 분들이 매장에 앉아 드시고 가는 일이 생기면서, 지금은 토요일에 매장 운영과 차 판매도 다시 하고 있어요.

차에 관한 이야기부터 나눠볼까요? 선생님은 국제티클럽 서울 지역 회장으로 차 문화를 알리고 계시죠. 이곳 홍차 교실에서 어떤 수업을 진행하세요?
경옥 티 소믈리에 자격증 준비생을 위한 수업인데요. 홍차, 한국 다례를 가르치고, 일본 다도 수업도 열 계획이에요. 차 품평회도 진행하고요. 일주일에 하루이틀 제외하고 차를 가르치고 있어요.

그런 선생님의 손이 닿은 뚝방길 홍차가게에서는 다양한 종류를 만나볼 수 있겠어요.
경옥 영국, 프랑스, 중국, 인도처럼 다양한 산지에서 온 차를 선보이고 있어요. 그중에서도 홍차가 가장 많고요.

말씀하신 홍차 이야기를 좀 더 들려주세요.
경옥 찻잎으로 만드는 차는 여섯 종류가 있어요. 녹차, 백차, 황차, 우롱차라고 불리는 청차, 홍차, 흑차. 차에는 '폴리페놀 옥시다아제'라는 산화 효소가 있는데요. 찻잎이 공기와 만나면 이 효소가 폴리페놀을 산화시키면서 색이 점점 짙어져요. 사과를 깎으면 과육이 갈색으로 변하는 것과 같은 원리죠. 이렇게 산화를 충분히 진행해 만든 차가 홍차예요. 찻잎이 산화되도록 그냥 두는 건 아니고요. 먼저 '위조'라고 불리는 과정을 거치는데, 14-16시간 동안 찻잎을 말리면서 시들게 하는 거예요. 그래야 찻잎이 산화 과정에서 수분 때문에 부패하지 않거든요.

그럼 어떤 찻잎이든 오래 산화되면 홍차라고 부를 수 있나요?
경옥 그렇죠. 하지만 홍차에도 적합한 찻잎 품종이 있어요. 인도의 다즐링, 지금은 '스리랑카'라고 불리는 실론,

케냐에서 주로 생산돼요. 홍차를 즐겨 마시는 영국이
과거에 지배하던 나라들이죠.

선생님이 차를 처음 만나셨을 때 이야기도 궁금해요.
경옥 가정주부로 살아오다 50대 중반이 되었을 무렵,
이대로 나이 들고 싶지 않았어요. 그래서 앞으로
꾸준히 할 수 있는 무언가를 찾았고, 동양 자수를 할까
싶어서 안국동도 찾아가고 그랬죠. 그러다 절에서
다례를 배우면서 차에 관해 궁금한 점이 많이 생겼고,
원광디지털대학교 차문화경영학과에 입학했어요.
그때 차에 푹 빠졌죠. 지금 돌아봐도 차를 배운 건 잘한
선택이었어요. 차는 나이가 들어도 계속할 수 있는
업이거든요.

그때 차의 어떤 점이 좋아 보이셨어요?
경옥 처음 배운 한국 전통차의 단아함이 매력적이었어요.
또 차를 통해 만나는 분들의 인품이 좋았고요. 어지러웠던
마음도 편안해졌죠. '수승화강水昇火降'이라고, 차를
마시면 물은 올라가고 화는 내려가요. 처음엔 차 공부가
어려워서 차의 세계에 한 발만 넣었다가, 이젠 두 발 다
들였어요(웃음).

**주연 씨는 이런 엄마의 모습을 곁에서 지켜보며
어땠어요?**
주연 엄마가 무언가에 몰두해서 즐겁게 하는 모습이
그저 좋아 보였어요. 고등학생 시절 엄마가 차를 배우러
다닐 때 "주연아, 이거 좀 먹어봐." 하면서 계속 차를
권유하셨어요(웃음). 그때 저는 '이게 맛있는 건가?'라고
생각할 뿐 차를 전혀 즐길 줄 몰랐는데요. '이 차 진짜
맛있다!' 하고 처음 느낀 적이 있어요. 인도 다즐링에서
나온 '트레저 골드'라는 차예요. 설탕 넣은 것처럼
달더라고요. 그때부터 차를 이것저것 먹어보면서 좋아하게
되었고, 차를 꾸준히 배우는 중이에요.

그렇게 이곳 뚝방길 홍차가게만의 홍차도 탄생했죠.
주연 다양한 차를 마셔보면서 제가 먹고 싶은 차를
떠올리게 되었어요. 마침 경북 하동의 '연우제다'라는
다원과 연이 닿았고, 제 취향이 많이 반영된 블렌드 티를
협력해서 만들게 되었죠. 유기농 원물을 사용해서 유럽
홍차처럼 향이 강하지 않아요. '해질녘'은 카카오닙스의
은은한 카카오 향과 돼지감자의 부드럽고 구수한 맛이
같이 느껴지는 홍차예요. 저희 가게에 초콜릿 디저트가
많아서, 잘 어울리는 차를 고민하면서 만들었어요.
'아침녘'은 단호박, 메리골드를 블렌딩한 녹차예요.
부드러운 맛에 꽃 향이 더해졌어요.

주연 씨가 생각하는 차의 매력도 들려주세요.
주연 느린 매력이 있어요. 차는 우러나길 차분히 기다려야
하고, 직관적인 맛을 지닌 음료들과 달리 맛을 천천히
음미해야 해요. 시간이 지나면서 맛과 향도 달라지니까
여유를 가질 수 있게 해주죠. 물론 저는 콜라 같은 음료도
좋아하긴 해요(웃음).

**이제 디저트에 관한 이야기로 넘어가 볼게요. 어떻게
디저트를 시작하게 되었어요?**
주연 뉴질랜드에서 중학생 시절을 보냈어요. 친구 엄마가
유명 호텔에서 일하던 셰프였는데요. 친구 집에 놀러 간 날
베이킹을 알려 주셨고, 제가 너무 재밌어하니까
그 이후로도 계속 가르쳐 주셨어요. 그때부터 베이킹에
푹 빠져서 집에서 쿠키도 만들어 보고, 한국에 돌아와서도
홈베이킹을 계속했어요. 그땐 취미라고만 생각했는데,
조각을 시작하면서 제가 손으로 하는 작업을 굉장히
좋아한다는 걸 알게 됐죠. 미술 대학에 진학했지만 조각에
큰 재능이 없다는 걸 깨닫고는 좋아하는 베이킹을 더
배워보고 싶어서 SPC 파티세리 클래스에 다녔어요.
그리고 프랑스 요리 학교 '에꼴 르노뜨르Ecole Lenôtre'
한국 분교를 졸업했고요.
경옥 베이킹을 본격적으로 배우겠다고 할 때, 주연이
아빠가 엄청 말렸어요. 중·고등학생 때부터 전문적으로
공부한 학생도 많고, 제과가 힘든 일이니까요.

그때 아버지를 어떻게 설득했어요?
주연 일주일 정도 집을 나갔어요. 미대 친구들 작업실에서
지내면서 아빠 연락을 기다렸죠. 나중엔 아빠가 울면서
돌아오라고 전화하셨고, 제과 학교를 등록해 주셨어요.

미술을 그만두고 제과를 배워보니 어땠어요?
주연 너무 재밌었어요. 제과는 조각만큼 몸을 많이
움직여야 하는 일이지만 저한테 훨씬 잘 맞았어요. 전에는
위험한 재료를 다루고 건강에도 좋지 않은 작업 환경에
있었으니까, 그땐 제과가 별로 힘들다고 느끼진 않았어요.
또 석고 포대보다는 밀가루 포대가 더 가볍거든요(웃음).
마냥 즐겁고 맛있었죠.

에꼴 르노뜨르도 2등으로 졸업했다고 들었어요.
주연 네. 수료 과정 동안 과제와 태도를 종합적으로
평가하고, 중간 평가와 최종 평가를 봐요. 중간 평가는
퐁사주라고, 구멍 없는 타르트 틀에 반죽을 예쁘게 밀어
넣는 시험이었는데요. 예전엔 제과사의 기본 실력으로
평가되었어요. 그 시험을 잘 봤죠. 최종 평가는 프랑스에
가서 2주 동안 교육을 받고, 제품 여러 가지를 만들어서

한 상에 차리는 시험이었어요. 미흡한 부분도 있었지만 좋게 봐주셔서 수료할 수 있었죠.

뚝방길 홍차가게는 스콘이 유명해요. 많은 사랑을 받는 이유가 뭘까요?
주연 수백 번 레시피를 연구하면서 만들었지만, 많은 재료가 들어가진 않아요. 저희 아기도 많이 먹는 스콘이라 최대한 건강한 재료를 쓰려고 해요. 직접 만든 '클로티드 크림'을 곁들이는 게 가장 맛있게 먹는 방법이에요. 한번 드셔 보실래요? (스콘에 클로티드 크림을 발라 건넨다.)

와, 맛있어요! 이런 크림은 처음 먹어봐요. 스콘도요.
경옥 맛있죠? 제가 차 공부하러 클로티드 크림 본고장인 영국에 종종 가는데, 이 맛이 안 나요.
주연 영국에서 가장 맛있는 클로티드 크림을 따라잡으려고 정말로 천 번 정도 테스트해서 만들었어요. 한국에서 가장 맛있게 만들어냈다고 생각해요.

맛있는 디저트도 경험했어요.

완전히 가게를 정리하지 않은 건 복귀를 원했기 때문인가요?
주연 디저트 만드는 일을 완전히 그만두고 싶진 않았고, 언젠가 가르치는 일을 하고 싶었어요. 저는 새로운 맛을 만들고 디저트를 개발하는 일을 좋아하는데, 가게를 운영할 땐 그럴 여유가 없었거든요. 그래서 운영을 종료한 뒤 1년 정도 흘렀을 무렵, 매장은 운영하지 않고 클래스만 열게 된 거예요.

운영 종료 소식을 알린 게시물에 손님들 댓글이 많이 달렸어요. 추억과 위로를 선물해 줘서 고맙다는 반응이 많던데요.
주연 기존 생활에서 벗어난다는 생각에 후련하던 중이었는데, 막상 그런 댓글을 보니까 '내가 너무 섣불리 결정했나?' 싶은 생각이 들었어요. 고마움과 아쉬움을

경옥 이걸 개발하다가 가게를 다 태울 뻔한 적도 있어요.
주연 밤새 오븐을 가동하니까 과열로 불이 난 거예요(웃음).

자부심을 가지실 만해요. 이제 휴무 기간 이야기를 해볼게요. 그 시기를 좀 더 자세히 듣고 싶어요.
주연 그때 제가 조금 과부하가 걸렸어요. 출산 2주 전까지 가게에서 서서 일했는데, 아이를 키우면서 가게까지 운영하기가 많이 힘들었어요. 바쁜 날을 앞두고 보육을 부탁한 도우미 이모님이 갑자기 못 오시는 일도 있고, 저희 엄마도 바쁘셨으니까요. 모든 게 버겁게 느껴지고 아이가 크는 모습을 직접 보고 싶다는 생각이 들어서 가게를 쉬게 되었죠. 그 시간 동안 아이랑 여행도 가고, 해외에서

전하는 메시지가 수백 통이 왔고, 매장에 찾아와 선물 주시는 손님도 있었거든요. 이렇게 많은 분들이 좋아해 주셨다면 내가 조금 더 버텨볼 걸 그랬나 하는 생각도 들었고요. 결정을 무를 수 없던 상황이라 클래스로 빨리 돌아와야겠다고 다짐했어요. 클래스를 시작하면서 예전 단골손님들이 찾아오시기도 하고, 수업 열어줘서 고맙다고 말씀하시는 분들도 있었어요. 제가 감사할 처지인데 말이에요. 감사하고 또 감동이었어요.

베이킹을 처음 배울 때와 지금, 디저트를 대하는 마음에 변화가 있나요?
주연 처음엔 아무것도 모르는 햇병아리였죠. 그런데

가게를 운영하면서 디저트에 대한 애증이 생겼어요.
그때는 몰랐는데 1-2년 정도 번아웃이 왔던 것 같아요.
TV에 디저트만 나와도 못 보겠더라고요. 가게 생각이
나서. 과도기를 지나 이제는 대중의 입맛도 생각하고
내 취향도 반영한 현실적인 제품을 만드는 노하우가
생겼어요. 아직도 많이 부족하지만, 냉정하고 이성적인
눈으로 디저트를 바라보게 됐죠.

**다시 가게를 시작한 지금의 생활은 어때요? 힘들진
않으세요?**
주연 이제 아이가 어린이집을 다녀서요(웃음). 그 시간 동안
디저트 개발하고, 운동도 해요.

**다행이에요. 지금까지 디저트를 멈추지 않는 동력은
무엇일까요?**
주연 먹을 때 재미, 그리고 손님들이 제가 만든 디저트를
먹고 행복해하실 때의 뿌듯함이요. 그게 맛있는 디저트를
계속 만들고 싶게 하는 원동력이에요.

지금까지 만난 손님들 중에서 기억에 남는 분도 있어요?
주연 기념일마다 오시던 연인 손님이 있었는데, 어느
날부터 한 분만 오시더라고요. 그 기념일 부근에만.
저희 가게가 그분에게 추억이 된 것 같아 감사했지만
마음이 시큰거리기도 했어요. 또 연인으로 처음 오셨다가
결혼하고 아이를 낳고, 아이와 함께 가게를 오는 분들도
많아요. 음, 생각나는 분들이 너무 많네요.

**손님들을 대하는 주연 씨 마음이 느껴지는 대화였어요.
마지막으로 덧붙이고 싶은 말이 있어요?**
주연 (잠시 떠올려 본다.) 손님들에게 꼭 감사하다는 말을 하고
싶었는데, 아까 물어봐 주신 질문으로 말할 수 있었어요.
그거면 충분해요(웃음).

A. 서울 광진구 자양강변길 277 1층

O. 토요일 11:00-17:00

홍차 맛있게 우리는 법

3, 3, 3을 기억하세요.

1. 티팟에 찻잎 3그램을 덜어주세요.

2. 90-95도 정도의 따뜻한 물 300밀리리터를 넣습니다.

3. 3분 30초 우리세요. 찻잎 크기가 작다면 2분 40초 우려줍니다.

차를 주제로 대화하던 김용재 사무국장은 달의 모양에 관해 이야기했다. 흔히 보름달의
완전함에 주목하지만, 매일 조금씩 차오르거나 기우는 달에도 저마다의 얼굴이 있다는
사실을. 차의 세계도 이와 닮아 있다. 같은 잎이라도 찻잔과 물의 온도, 계절에 따라
매번 다른 맛을 내어놓는다. 하나의 명쾌한 정답만을 찾는 시대에, 그는 미묘하게
달라지는 모든 순간들을 잔을 비우고 또 채우며 오래도록 관찰해 온 사람이다.

정답 없는 잔을 기우는 즐거움

김용재—유엔협회세계연맹 사무국장

에디터 황진아　포토그래퍼 박은비

찻자리가 무척 아름답네요. 이 자리에 앉으면 될까요?
네, 물이 끓으면 잔을 데워서 차를 한 잔씩 내어드릴게요.
아마 보시면 느껴지실 텐데, 이 자리에 놓인 도구들은
나무, 도자기, 금속, 유리처럼 소재가 다양해요. 저는
이렇게 서로 다른 재질이 한자리에 어우러지는 풍경이
좋더라고요. 차는 도자기에만 따라 마셔도 충분하지만,
도자기끼리 맞닿으면 쉽게 깨지기도 하죠. 그 사이에
금속이나 나무가 더해지면 서로 보완해주고, 전체를
안정적으로 받쳐주는 역할을 해요. 오늘은 이 계절에
어울리는 차를 몇 가지 준비했어요. 앞에 놓인 잔들 중에
취향에 맞는 잔을 골라봐 주시겠어요?

저는 잔잔한 무늬가 있는 이 잔으로 할게요.
정답을 고르셨네요(웃음). 차에 어울리는 잔이 따로
있고, 계절에 맞는 잔도 있거든요. 지금이야 냉난방으로
온도를 조절하지만, 예전에는 계절의 변화를 몸으로
고스란히 견뎌야 했잖아요. 그런 환경이 자연스럽게
다구의 형태에도 반영됐어요. 지금 고르신 건 전형적인
겨울용 잔이에요. 한번 만져보시겠어요? 꽤 두텁죠.
반면 옆에 있는 이 잔은 훨씬 얇아요. 겨울에는 얇은
잔에 차를 따르면 금세 식기 때문에, 온기를 조금이라도
더 오래 붙잡아두려고 이렇게 두께가 있는 잔을 예열해
사용했어요. 여름에는 반대로 차를 빨리 식히기 위해
면적이 넓은 잔을 썼고요. 표면적을 보면 거의 두 배 정도
차이가 나죠. 선조들의 생활 지혜이기도 하고, 한편으로는
다양한 다구를 갖추고 싶은 저 같은 맥시멀리스트의
합리화일 수도 있겠습니다(웃음).

**맥시멀리스트의 차 도구가 궁금해지는데요(웃음).
차 도구 중에서는 찻잔을 특히 좋아하신다고요.**
맞아요. 차를 아주 맥시멀하게 즐기려면 필요한 도구가
꽤 복잡한데요. 하지만 가장 미니멀하게 생각하면 사실
잔 하나면 충분해요. 그래서 차를 처음 시작하는 분들이
무엇부터 사야 할지 어렵다고 하면, 저는 마음에 드는
찻잔 하나부터 고르라고 말씀드려요. 나한테 잘 맞는
'반려 찻잔'이 하나 생기면, 그 잔으로 마시면서 필요한
도구를 하나씩 더해가는 즐거움이 있거든요. 무엇보다
잔은 차 맛에 미치는 영향이 커요. 입술에 닿는 감각은
물론이고, 차가 담겼을 때 온도와 향이 온도와 향이 머무는
방식이 잔마다 완전히 다르니까요. 뒤에 찬장 구석구석을
보시면 도구가 가득 차 있어요. 2022년에 낸 책
《차를 시작합니다》에서는 찻잔이 약 700점, 다관이
한 200개 정도 있다고 소개했는데 그 이후로는 정확히
세어보지 않았어요. 아마 지금은 적어도 천 점은
넘을 거예요.

천 점이요? 상상하기 어려운 숫자인데요(웃음).
제 아내는 저와 반대로 미니멀리스트거든요. 아내가
고생이 많을 거예요. 어제가 마침 결혼기념일이었는데
아내에게 고맙다는 말을 전했어요. 이런 저를 쫓아내지
않고 데리고 살아줘서 말이에요(웃음).

선반에도 다구를 진열해 놓으셨네요?
오늘 일부러 흐름이 보이도록 다구를 쭉 꺼내 놓았어요.
보시면 다관 크기가 세월을 거치면서 점점 작아지는 게
보이죠? 예전에는 한 번 차를 우리면 적어도 대여섯 식구가
함께 마시는 경우가 많았지만, 점점 한두 사람이 마시는
형태로 바뀌었거든요. 가족 구성과 생활 방식의 변화가
자연스럽게 다구 형태에도 영향을 준 거예요. 차를 마시는
분위기와 편의, 문화의 변화에 따라 도구가 계속해서
달라지고 있는 거죠.

**기물의 형태 외에 차 문화 전반에서 체감하는 또 다른
변화가 있을까요?**
30년 가까이 차를 마시면서 그런 변화를 체감해 왔어요.
한때 차는 은퇴한 교장 선생님들의 취미처럼 여겨지던
시절이 있었죠. 그런데 지금은 젊은 세대가 차에 깊이 빠져
있잖아요. 가장 크게 느끼는 건 '글로벌 말차 열풍'이에요.

전통 방식으로 우려 마시는 것뿐 아니라 설탕과 우유를
더한 밀크티, 셰이커에 흔들어 마시는 말차라떼처럼
전혀 다른 형태도 생겨났죠. 저는 이것이 천 년 만에 다시
일어나는 현상이라고 생각해요. 한 문화권에 머물던
차 문화가 세계적으로 공유되고, 각자의 방식으로
발전하면서 다시 서로에게 영향을 미치는 커다란
흐름이요. 8-9세기 중국에서 시작된 차 문화가 한반도와
일본으로 전해지던 시기에도 비슷한 일이 있었어요.
각 지역의 음식 문화와 생활 방식에 맞게 차를 변형하고
발전시켰죠. 지금은 그 과정이 훨씬 빠른 속도로,
전 세계에서 동시에 일어나요. 저는 이런 융합과 확장을
흥미롭게 바라보고 있습니다. 문화가 단순히 직선적으로
'낮은 단계에서 높은 단계로' 발전하는 게 아니라, 흐름을
타고 움직인다고 생각해요.

**차를 처음 접하게 된 계기가 흥미로워요. 어린 시절
유홍준 관장님이 이끌던 한국문화유산답사 모임을
따라다니셨다고 들었어요.**
맞아요. 지금은 국립중앙박물관장님이신 유홍준 관장님이
《나의 문화유산 답사기》를 쓰며 1990년대 초부터
그 모임을 이끄셨는데, 저희 어머니가 회원이셨어요.
덕분에 저도 국민학생 시절부터 답사를 따라다녔죠. 차를
마시는 모임은 아니었지만 문화유산을 찾아다니는 어른들
대부분 전통문화나 민속품, 차에 관심이 깊으셨어요. 어린
제 눈에는 그저 지저분하고 낡아 보이는데 어른들은 왜
저런 걸 좋아하실까 싶어 "왜 이런 걸 귀하게 여기세요?"
하고 묻기도 했죠. 그럴 때마다 어른들은 그 물건이 지닌
가치와 시간을 설명해 주셨어요. 때로는 작은 잔 하나를
선물로 주기도 했고요. 그런 경험이 쌓이면서 자연스럽게
이런 세계에 익숙해진 것 같아요.

대학 시절에는 교내 전통찻집에 자주 가셨다면서요?
사실 제가 2003년에 재수를 했거든요. 그때 《중앙일보》에
서울대학교 '다향만당'이라는 전통찻집 기사를 봤는데,
매년 차밭 나들이를 간다는 내용이 있더라고요. 저는
차를 이렇게 오래 좋아해 왔지만, 정작 한 번도 찻잎을
직접 따서 만들어본 적은 없었거든요. 꼭 해보고 싶었는데
서울대 학생만 할 수 있다는 거예요. 그래서 재수하면서
반은 농담, 반은 진담으로 서울대에 가야겠다는 마음이
생겼죠. 다행히 운 좋게 입학을 했고, 입학식이 끝나자마자
스크랩해 둔 신문을 들고 그 찻집을 찾아갔어요. 찻집을
운영하시던 선생님께 신문을 보여드리면서 "이것
때문에 이 학교를 왔습니다."고 했죠. 선생님도 무척
좋아하셨어요. 그렇게 2004년부터 매년 봄이면 하동,
보성, 순천, 나주, 정읍… 전국 차밭을 다니면서 직접

잎을 따고 덖어 만드는 걸 계속해 왔어요. 벌써 20년이
넘었네요.

**차밭에서의 경험이 차를 즐기는 방식이나 마음에 어떤
영향을 주었나요?**
정말 큰 충격이었어요. 저뿐만 아니라 차밭에 함께 갔던
사람들 모두 비슷한 경험을 이야기하곤 해요. 보통 우리는
차를 '상품'으로 먼저 접하잖아요. 그러다 보니 가격을
먼저 따지게 되는데, 직접 잎을 따고 만들어보면 그 가치가
완전히 다르게 다가와요. 차나무에서 막 올라온 연한 잎을
따서 덖고 말리면, 대부분 수분으로 날아가고 남는 건
20퍼센트 정도뿐이거든요. 그런 과정을 직접 겪고 나면
차 가격을 바라보는 마음이 달라지죠. 무엇보다
4-5월에 따는 잎은 겨울을 버텨낸 차나무가 처음 올리는
새순인데요. 그 여린 잎을 200-300도까지 달궈진
가마솥에서 덖는 과정을 지켜보면, 처음에는 생명을
빼앗는 것처럼 느껴져서 마음이 복잡해지기도 해요.
그런데 서너 번 덖는 동안 향이 다시 살아나고, 우리가
마시기 위해 뜨거운 물을 부으면 마른 잎이 물속에서
다시 펼쳐져요. 꼭 찻잎이 다시 살아나는 것처럼 보이죠.
그래서 의미를 부여하고 가치 있게 차를 마시면 하나의
생명 흐름과 순환을 함께 경험하는 일이 될 수도 있겠다는
생각도 들어요.

**찻집에서 만난 인연들을 통해 차를 즐기는 또래 친구들도
많이 생겼겠네요.**
맞아요. 저는 원래 집에서도 그렇고 어른들과 차를 마시는
경우가 많았어요. 그래서 차에는 정해진 예법과 방식이
있다는 인식이 강했죠. 그런데 학교에서 선후배들이랑
차를 마실 때는 분위기가 완전히 달랐어요. 수돗물과
생수로 우린 차 맛이 어떻게 다른지 비교도 해보고,
이것저것 실험하며 차를 정말 자유롭게 다뤄봤어요.
그때 처음 느꼈죠. '아, 차는 혼자 마시는 게 아니라 같이
마셔야 더 재미있구나.' 다향만당은 저에게 그런 경험을
하게 해준 곳이에요.

**《차를 시작합니다》에서 "함께 마셔야 포기하지
않는다."라고 하신 문장이 기억나요. 10년 전부터
차 모임 '청년청담'을 이끌어오고 계시기도 한데, 어떻게
시작된 모임이에요?**
대학원 시절까지 함께 차를 즐기던 선후배들이 사회생활을
하며 예전처럼 모이기 어려워졌어요. 저도 직장을
다니면서 서울에서 편하게 모일 모임을 만든 것이
시작이었죠. 동호회로 정식 발족하게 된 결정적인 계기는
그해 열린 대규모 차 학술대회였는데, 감사하게도 저를

미래 세대 청년 대표로 초대해 주셨고 그때 지인들과 꾸린 세션 이름이 바로 '청년청담'이었어요. '맑을 청淸'에 '말씀 담談'을 쓰는 이 이름에는 차를 마시며 나누는 즐거운 이야기라는 뜻과 함께, 이해관계를 떠나 아름다움을 논한다는 의미가 담겨 있어요. 처음 10명으로 시작한 작은 모임이 어느덧 10년을 넘겼네요. 지금은 매달 정기 모임과 1년에 한 번 열리는 큰 다회를 통해 수십 명의 차인이 인연을 이어가고 있습니다.

관계 안에서 차는 어떤 역할을 한다고 생각하세요?
차에는 사람의 마음을 열어주는 힘이 있어요. 물론 저도 커피나 와인, 위스키를 즐기지만 차는 조금 신기한 지점이 있죠. 자신이 개인적으로 좋아하는 관심사를 다른 사람에게 말하면 반응이 나뉘는 경우가 많잖아요. 보통 스포츠나 화장품처럼 호불호가 갈리는 주제와 달리, 차는 남녀노소나 국적을 떠나 대화의 스펙트럼이 굉장히 넓거든요. 단순히 음료 하나를 가운데 두는 것 같아도 커피를 마실 때와는 대화의 밀도와 깊이가 확실히 달라요. 커피는 보통 한 잔을 비우면 시간이 자연스럽게 끝나버리잖아요. 할 이야기가 남아 있어도 "커피 한 잔 더 할까?" 하기가 조금 어색할 때가 있죠. 그런데 차는 물을

다시 붓고, 다음 차를 또 우리면서 대화의 시간이 끊기지 않고 유연하게 이어져요.

말씀 나누는 사이 두 번째 차가 우려지고 있네요. 어떤 차인가요?
중국 푸젠성 무이산에서 나는 무이암차 중 '불견천不見天'이라는 차예요. 매화 향이 나는 것이 특징이에요. 그래서 오늘 이 자리에 매화 가지도 함께 두어봤어요. 매실에서 느껴지는 것처럼 아주 맑고 또렷한 향이 올라오죠. 차를 마신다는 건 단순히 사시사철 같은 음료를 마시는 것과는 달라요. 녹차만 해도 계절에 따라 느낌이 다른 것처럼요. 봄에는 싱그럽지만, 다른 계절에 마시면 훨씬 묵직하게 다가오거든요. 그런 미묘한 변화를 감각하는 것도 차의 큰 즐거움이죠. 눈치채셨을지 모르겠지만, 지금 우리 주변에 매화가 가득해요(웃음).

정말 그렇네요! 매화 꽃밭에 온 것처럼요(웃음).
오늘 주전자와 잔, 찬장 위 기물도 모두 매화가 그려진 걸로 골라봤어요. 계절에 맞게 이렇게 분위기를 바꿔 즐기기도 해요. 가을에는 은행잎이나 국화를 곁들이고, 모란이 필 때쯤에는 모란이 그려진 기물로 세팅하기도

하고요. 물론 이렇게까지 하지 않아도 차는 충분히
즐길 수 있어요. 잔 하나만 있어도 되고, 복잡한 규칙이
필요한 것도 아니에요. 다만 이런 다양한 방법을 알게 되면
차를 즐기는 폭이 훨씬 넓어져요. 저는 사람들에게 다양한
선택지를 제안하고 싶어요. 차는 맛과 향뿐 아니라 눈으로
보고, 손으로 느끼고, 공간의 분위기까지 함께 즐길 수
있는 음료라고 생각하거든요.

**흔히 동아시아 3국의 차 문화를 비교하곤 하잖아요.
일본이나 중국과 비교했을 때, 한국 차 문화의 특징도
있을까요?**
한국 차 문화의 특징을 이야기할 때는 조금 층위를 나눠서
봐야 해요. 정확한 기록이 많이 남아 있지는 않지만 고려
시대부터 이어져 온 오래된 차 문화가 있고, 1970년대
차 문화 운동 이후 2000년대까지, 현재의 70-90대
어르신들이 이끌어 온 흐름이 있어요. 또 제 세대와 이보다
젊은 세대가 생각하는 차 문화도 조금 다릅니다. 그래서
하나로 묶어 설명하기는 쉽지 않아요. 70년대 이후
앞 세대에서는 동아시아 차 문화를 이렇게 구분하곤
했어요. 일본의 다도는 수행에 가까운 문화로, 말차를
다루는 동작 하나까지 같은 규칙을 오랫동안 수련해야

차를 즐기는 사람으로 인정받는다고 봤죠. 중국의
다예는 치파오를 입은 여인이 긴 손톱으로 위에서 물을
떨어뜨려 한 방울도 흘리지 않게 따르는 모습처럼, 기교와
아름다움이 강조되는 문화로 이해됐어요. 반면 한국
차 문화는 예절을 중심으로 설명됐어요. 손님을 대접하는
자세나 마음가짐 같은 기본적인 예의범절을 본질로 여긴
거예요. 다만 그 과정에서 차가 가진 다양성과 즐거움은
점점 사라지고, 격식과 형식만 남게 됐다고 느끼기도 해요.

**왠지 허리를 꼿꼿하게 세우고 앉아야 할 것 같은 느낌도
들고요(웃음).**
여자와 남자는 어떻게 앉아야 하고, 손동작은 이렇게
해야 한다는 규칙만 남은 거죠. 그러다 보니 차를 어렵게
느끼거나 자녀들이 차를 마시지 않게 되는 상황이
된 거예요. 그런데 요즘 세대는 조금 달라요. "이거
맛있는데?", "재밌는데?"하고 직관적으로 접근하거든요.
꼭 정해진 규칙이 없어도 즐길 수 있다는 걸 보여주죠.
저는 그 변화의 한가운데에 있다는 점이 개인적으로
굉장히 흥미롭고 기대돼요. 이제 답십리 골동·고미술
상가가 붐비고 있어요. 수집가로서 값이 두 배, 세 배로
뛰어서 조금 속상하기도 하지만요(웃음).

**이 찻자리에서도 느끼지만, 만듦새와 기능을 모두
고려한 다구가 차 시간을 더 풍부하게 만들어주는 것
같아요. 공예와 차는 어떻게 맞닿아 있을까요?**
가장 기본적으로는 차 맛이 달라져요. 인류가 차나무
잎을 음료로 마시기 시작한 건 4-5세기쯤이고, 지금까지
1500년이 넘었어요. 처음에는 약이나 나물처럼 끓여
먹었고, 생강이나 소금을 넣어 팔팔 끓여 마시기도 했어요.
그러다가 다음 단계로 말차 문화가 생겨요. 말차는
중국 송나라 시대부터 시작된 차 문화예요. 그 흐름이
고려와 일본 가마쿠라 시대로 이어지면서, 사람들이
차의 향과 맛을 더 섬세하게 즐기는 방법을 계속 연구해
왔죠. 그 과정에서 자연스럽게 공예가 중요해졌어요.
차의 섬세한 맛을 제대로 살려내려면 도자기 같은
다구가 필요했거든요. 그렇지 않으면 차의 맛이나 향이
흡수되거나 변하기도 하니까요. 같은 차라도 어떤
다구에서는 차가 가진 맛이 충분히 나오지 않기도 하고,
어떤 다관에서는 차가 가진 맛이 온전히 살아나요. 그래서
차를 오래 즐기다 보면 자연스럽게 '맛을 제대로 내는
도구'를 찾게 돼요. 물론 아름다움도 중요하지만,
차 문화에서 공예는 곧 아주 중요한 기능인 셈이죠.

**같은 차라도 도구나 환경에 따라 맛이 달라진다는 점이
미묘한 변화를 발견하는 걸 좋아하는 사람에게는
큰 즐거움이 되겠어요.**
맞아요. 요즘 사회를 보면 점점 더 모든 것에 정답이
있다고 생각하는 경향이 강해지고 있어요. 기술이
발전하고 AI까지 등장하면서 사람들은 무엇이 가장 좋은지
즉각적으로 알고 싶어 하죠. 복잡하게 고민하기보다는
"이 중 가장 좋은 게 뭐예요?"라고 묻고, 답 하나를
선택해서 끝내고 싶어 하는 분위기가 있어요. 저는
그런 효율 중심의 사고가 우리가 삶에서 누릴 수 있는
다양한 즐거움과 가치를 놓치게 만든다고 생각해요. 다른
분야는 점점 더 표준화되어 가지만, 차와 예술은 그렇지
않거든요. 예술 안에서 '가장 좋은 작품'이 따로 정해져
있는 건 아니잖아요. 어떤 예술가는 젊은 시절에 빛나는
작품을 만들고, 어떤 이는 원숙해진 노년에야 깊은 작품을
남기기도 하죠. 정해진 정답 대신, 시대의 흐름 안에서
우리가 어떤 순간을 포착하고 경험하느냐가 중요해요.
저는 바로 그 아날로그적인 변화와 과정이 차와 공예가
가진 매력이라고 생각해요.

**어릴 때부터 자연스럽게 팽주(차를 우리는 사람)의 역할을
자연스럽게 해오셨다고요. 오늘 대화를 나누는 동안에도
저희 잔이 비지 않게 마음을 써주시는 게 느껴졌어요.
찻자리에서 팽주는 어떤 마음가짐이 있어야 할까요?**

차는 잠깐만 타이밍이 어긋나도 맛이 달라지거든요.
대화에 너무 몰입해 신경이 분산되면 차가 너무
진해지기도 하고, 반대로 마음이 급하면 덜 우러난 채로
따르게 되죠. 그래서 팽주는 어머니 같은 역할이라고
생각해요. 자리에 있는 사람들의 잔을 살피고, 언제
다시 차를 우리고 따라야 하는지 끊임없이 신경 써야
하니까요. 사람이 많아지면 차를 계속 우려야 해서 사실
굉장히 바빠요. 차뿐 아니라 다식이나 대화의 흐름까지
챙겨야 하니, 어떻게 보면 살림을 하는 것과도 비슷해요.
오죽하면 차 마시는 사람들 사이에서 "남이 우려주는
차가 제일 맛있다"는 말이 있겠어요. 그래도 팽주는
차를 우리면서 그날 차의 상태나 맛을 가장 가까이에서
느끼는 사람이에요. 그래서 차에 대한 이해도 자연스럽게
깊어지는 즐거움이 있죠.

**차를 매개로 오랜 시간 활동해 오셨는데, 개인적으로
차를 통해 해보고 싶은 일이 있다면 듣고 싶어요.**
주변에서 한국 차의 부흥을 위해 더 적극적으로
나서달라는 요청을 받기도 해요. 하지만 저는 그 일을 꼭
제가 해야 한다고 생각하지는 않아서 지금까지는 조금
선을 그어 왔어요. 다만 언젠가 꼭 하고 싶은 작업은
있는데요. 전 세계 차 문화를 다룬 콘텐츠를 보면 중국,
일본, 영국, 터키 이야기는 있는데 한국 차는 거의
등장하지 않거든요. 약한 정도가 아니라 사실상 없는
수준이죠. 그래서 언젠가는 한국 차를 영어로 제대로
소개하는 일을 해보고 싶어요. 지금 준비 중인 《차를
시작합니다》의 후속권인 '말차' 책도 그 연장선에 있어요.
말차가 단순히 일본만의 문화가 아니라, 송나라 시대부터
동아시아가 함께 공유해온 흐름이라는 걸 설명하려 해요.
이 책을 한글판으로 먼저 내고 가능하다면 영문판도
준비해서 그 안에 한국 차의 이야기를 함께 담아볼까 해요.
그게 언제가 될지는 모르겠지만요.

계절의 문턱에서

겨울이 물러나고 봄이 가까워지는 시기.
그가 이 계절에 잘 어울리는 차 세 가지를 추천한다.

2. 강진 월산떡차

다산 정약용의 제자 집안이 7대째 이어오고 있는 차.
찻잎을 떡처럼 찧고 옆전 모양으로 빚어 바람과 햇빛으로
발효시킨 '떡차'는 1000년 전부터 내려온 가공 방식으로,
차를 덩어리째 우려 마시는 재미가 있다. 겨울에서 봄으로
넘어가는 시기는 차로 치면 '보릿고개' 같은 시기다.
지난해 만든 차의 싱그러움이 옅어지는 때라 이 공백을
메우기 위해 해당화를 더해 블렌딩했다. 은은한 장미
향과 산뜻한 단맛은 겨울의 묵직함을 걷어내고 봄을
맞이하기에 부족함이 없다.

1. 불견천 무이암차

무이암차는 단일 품종이 아닌, 그 아래에 수백 가지
품종이 있는 중국 우롱차의 한 갈래다. 그중 '하늘을 볼
수 없다'는 뜻의 불견천은 햇빛이 깊이 들지 않는 가파른
골짜기에서 자라난 차나무의 잎으로 만든다. 눈이 많이
내리는 환경에서 자란 찻잎으로 만들어지는데, 그 조건
덕분에 은은한 매화 향을 머금고 있다. 매화꽃이 피어나는
초봄에 즐기기 더없이 근사한 차다.

3. 하동 유자잭살차

유자의 속을 비우고 잭살차와 모과, 지리산 돌배 등을
채워 말린 뒤 끓여 마시는 차. 오랜 시간 천천히 달여내기
때문에 유자의 싱그러운 향이 찻물 속에 깊게 스며든다.
우리 선조들은 차를 기호음료로만 즐긴 것이 아니라,
계절의 변화와 몸 상태에 맞춰 주변의 귀한 재료를 더해
마셨다. 호흡기에 좋은 성분을 고루 섭취할 수 있어
일교차가 큰 환절기에 특히 잘 어울린다.

집 마당 한쪽에 섬처럼 놓인 이곳은 '작은 기윤재'라 이름 붙인 차실이다. 은진이 자신의
차 생활을 위해 마련한 독립된 공간이지만, 그 고요한 시간은 가족에게도 조금씩 스며들고
있다. 우리가 이야기 나누는 동안 아이는 문 사이로 얼굴을 내밀며, 찻잔 사이로 오가는 대화에
호기심 어린 시선을 보냈다. 은진은 자신이 그랬듯, 아이 역시 언젠가 마음이 무겁게 가라앉는
날이면, 두 손에 머물던 온기를 이정표 삼아 언제든 다시 이 자리로 돌아올 수 있기를 바란다.

홀로 마시는 쉼이 필요한 날에

장은진—프로덕트 매니저

에디터 황진아　포토그래퍼 강현욱

집에 '기윤재'라는 이름을 붙이셨죠. 아이와 남편의 이름에서 한 자씩 따왔다고 들었어요 .

맞아요. 기특할 기奇, 윤택할 윤潤을 한 자씩 가져왔어요. '윤'에는 집 안의 생활이 풍요롭고 넉넉하게 이어지기를 바라는 마음을 담았어요. 집이 밝고 반짝반짝 빛나는 곳이었으면 좋겠다는 생각도 있었고요. '기'는 조금 특별하고 기발한 느낌을 갉고 싶어서 골랐어요. 그래서 집 안에도 이름에 어울리는 독특한 요소가 많은데요. 이 차실은 주로 제 취향을 반영해 만든 공간이라면, 본채에 있는 재미있는 시설은 대부분 남편 취향이에요. 미끄럼틀이나 소방 봉, 그물침대 같은 것들이죠. 아이를 위해서라기보다 남편 본인이 재미있을 것 같다고 해서 만든 건데, 덕분에 조금 특별한 집이 되었죠.

이 차실은 본채와 떨어진 별채로 지으셨어요. 설계 단계부터 따로 두고 싶었던 건가요?

네, 제가 건축가에게 그렇게 요청했어요. 사실 공간 효율만 따지면 집 안에 두는 게 훨씬 낫죠. 별채로 지으면 외벽 두께를 따로 계산해야 하는 등 구조적인 손해를 감수해야 하거든요. 처음에는 집 연에 차실을 두자는 제안도 있었지만, 제가 따로 지어 달라고 고집을 부렸어요.

이유가 있어요?

몇 가지 이유가 있어요. 집을 설계하는 동안 친정에서 지냈는데, 어린아이와 함께 있다 보니 물리적으로 밖으로 나가기 어려운 상황이었거든요. 그때 '엄마'라는 역할에서 잠시나마 분리될 수 있는 나만의 공간이 필요하다는 생각이 들었어요. 예전어 는 당연하게 누리던 것들이 아이를 낳고 나서는 쉽지 않다고 느껴졌거든요. 실제로 공간을 자주 사용하느냐와 상관없이 '내 공간이 있다'는 사실만으로도 위안을 받을 것 같았어요. 또 하나는 취향의 문제였어요. 가족과 함께 살다 보면 아이와 남편의 취향이 한 공간에 섞이게 되고, 어느 순간 시각적으로 복잡하게 느껴지더라고요. 그래서 오직 제 취향으로만 채워진 공간을 두고 싶었어요. 차가 향이나 습기에 굉장히 민감하고, 주변 냄새를 쉽게 흡수하기에 보관 환경도 중요하기도 하고요. 그런 이유까지 더해져 차를 위한 공간을 만들게 됐죠. (차가 담긴 다관을 건네며) 따라 드셔보시겠어요? '동장운다'라는 차예요. 저는 매일 아침 한 잔씩 마실 정도로 속이 편안해져요. 지금 앞에 놓인 찻그릇과도 잘 어울리고요.

이 잔은 일반 찻잔보다 조금 커 보여요. 혹시 이름이 따로 있나요?

'보듬이'라고 불러요. 밀 그대로 두 손으로 보듬어 안듯이 들고 마시면 돼요. 손바닥 전체로 온기를 느끼며 차를 마시는 방식이죠. 부드럽고 풍성한 곡선의 형태라 손으로 안으면 가득 차는 느낌이 들어요. '보듬어 안는다'는 의미에는 살아 있는 것들, 주변의 이웃, 더 나아가 지구의 모든 것을 함께 안는 마음이 담겨 있고요. 보통 작은 잔으로 마실 때는 한 손은 잔을 들고, 한 손은 다른 일을 하기도 하잖아요. 그런데 보듬이는 반드시 두 손을 써야 하기에 시선이 자연스럽게 차에 머물게 돼요. 또 하나 특징은 굽이 없다는 점이에요. 굽은 보통 잔 밑에 달린 받침을 말하는데, 역사적으로 보면 제기는 점점 높게 만들어 권위나 위계를 상징하기도 했거든요. 보듬이는 그런 구조적 권위를 덜어냈어요. 그리고 오목한 형태 덕분에 비교적 천천히 식어서 차를 마시는 동안 향과 온기를 조금 더 오래 느낄 수 있어요.

두 손으로 차를 마주하는 정성스러운 마음이 어디서부터 시작되었는지 궁금해져요. 차를 처음 만나게 된 계기는 무엇이었어요?

스물두 살쯤이었어요. 그해 초에 인도에 한 40일 정도 머물렀는데, 거기서 마주한 거대한 자연과 삶과 죽음이 뒤섞인 풍경이 어린 저에게는 꽤 큰 충격이었어요. 생에 대한 사람들의 강렬한 의지도 느껴졌고요. 당시 저는 의류 디자인을 전공하며 밤낮없이 과제에 매달리는 바쁜 일상을 살고 있었거든요. 그런데 인도에서 돌아오니 제가 하던 일들이 갑자기 아무것도 아닌 것처럼 느껴지더라고요. 졸업 이후의 진로에 대한 막연한 압박도 컸어요. 패션 회사에 들어갈지, 유학을 갈지, 디자이너 데뷔를 준비해야 할지 여러 선택지가 있었지만, 정작 제 안에서는 답이 나오지 않았죠. 그래서 그 시기가 굉장히 답답하게 느껴졌어요. 잠시 그런 것들에서 벗어나 조용한 곳에 가 있고 싶었고, 그래서 절에 가봐야겠다는 생각이 들더라고요. 저는 불교 신자는 아니었지만 당시 어떤 커뮤니티에 글을 하나 올렸어요. 학생이라 돈은 내기 어렵지만 혹시 머물 수 있는 절이 있으면 가보고 싶다고요. 그랬더니 경남 사천에 있는 다솔사라는 절에서 오라는 답을 주셨어요. 봉명산시립공원 안에 자리한 고찰이었죠.

어린 나이에 혼자 절로 들어간다는 게 쉽지 않은 선택이었을 텐데요. 꽤 담담하게 결정하신 것 같기도 해요.

지금 생각해 보면 가장 대단했던 건 부모님이 보내주셨다는 거예요. 별다른 말 없이 "그래, 가라." 하셨거든요. 생판 모르는 곳인데도 허락해 주신 거니까요. 다만 갈 때는 아버지가 같이 내려가 주셨어요. 실제로 있는 곳인지, 어떤 곳인지 눈으로 한번 확인하고 싶으셨던 거죠. 그렇게 절에 저를 데려다주시고 아버지는 다시 올라가셨고, 저는 거기에 남아 지내게 됐어요.

**은진 씨의 선택을 부모님도 믿어주셨나 봐요.
다솔사에서는 어떤 시간을 보내셨어요?**
절에서는 매일 새벽 예불을 드리고 나면 스님이 차를 우려
주셨어요. 그때 스님의 모습이 지금도 기억에 남아요.
승복을 입고 혼자 조용히 앉아서 차를 우려 주시는데
그 모습이 참 멋있게 보이더라고요. 거기서 한 달 정도
지냈는데요. 나중에 알고 보니 다솔사가 차로 굉장히
유명한 절이었고, 실제로 차를 만들어 판매도 하는
곳이더라고요. 그때 차를 처음 접하면서 자연스럽게
흥미를 가지게 됐죠.

절에서 내려온 뒤 본격적인 차 공부가 시작되었겠네요.
네. 절에서 나와 처음 차를 배운 분은 이연자
선생님이었어요. 우리나라 종갓집의 전통 생활 방식을
연구하시는 분인데, 당시에는 차를 제대로 배울 만한
곳이 많지 않아 백화점 문화센터에서 선생님 수업을
찾아 들었어요. 그때는 차에 대한 기본적인 지식이나
형식적인 부분을 배웠어요. 이후 영국으로 유학을 떠나며
서양의 차 문화도 자연스럽게 경험하게 됐고요. 머그잔에
티백을 넣어 편하게 마시는 일상적인 차부터, 애프터눈티
같은 격식 있는 문화까지 두루 접해볼 수 있었죠.
한국으로 돌아온 뒤에는 자격증 과정도 시작했는데요.

티 인스트럭터, 티 소믈리에, 전통차와 다례 지도 과정
등을 배우면서 차를 지식적으로 깊게 공부한 시기였어요.
그러다 지금의 스승이신 정동주 선생님을 만나면서 차를
바라보는 방식이 크게 달라졌어요. 그전까지는 새로운
기물이나 차의 맛과 향에 집중했다면, 이제는 차를 하나의
지혜나 정신문화의 관점에서 바라보게 됐거든요.

**여러 방식으로 차를 경험하시면서, 우리나라 차 문화를
바라보는 시선도 조금 달라졌을 것 같아요.**
차만 오래 하다 보면 그 세계에만 매몰되기 쉬워요. 사실
차뿐만 아니라 어떤 분야든 비슷하겠지만요. 요즘은
분위기가 많이 달라졌지만 예전에는 차를 마시는 행위
자체에 어떤 자부심이나 권위가 섞여 있다고 느껴질 때가
많았어요. 제가 처음 만난 어른 중에도 그런 태도를 지닌
분들이 있었고요. 그러다 보니 자연스럽게 배타적인
분위기가 형성되기도 했죠. 겉으로는 열려 있는 것처럼
보여도 실제로는 완전히 개방되지 않은, 미묘한 장벽 같은
게 존재했거든요. 사실 차도 커피처럼 충분히 대중적인
문화가 될 수 있었을 텐데 '차는 반드시 이렇게 마셔야
한다'는 엄격한 예절과 형식이 오히려 저변이 넓어지는 걸
막았던 건 아닐까 생각하곤 해요. 물론 저 역시 전통적인
차 문화를 배운 사람이기 때문에 그 가치를 부정하려는
건 아니에요. 다만 전통이라는 바탕 위에서 새로운 해석이
가능해야 현대적인 차 문화도 만들어질 수 있다고 보거든요.
제가 차를 배워온 시간도 결국 그 접점을 찾아가는
과정이었던 것 같고요. 그렇지만 처음 차를 접하는
분들에게는 꼭 그렇게 먼 길을 다 거칠 필요는 없다고도
말씀드려요. 저는 여러 과정을 지나 여기까지 왔지만 지금
시작하는 분들은 훨씬 더 편안한 지점에서 차를 만나도
충분하니까요.

**그런 수많은 과정을 거쳐 은진 씨가 도달한 차의 본질은
무엇일까요?**
개인적으로 차의 진수는 '혼자 마시는 차'라고 생각해요.
둘이 마시면 자연스럽게 대화가 오가고, 시선이 차보다는
사람한테 더 집중되기 마련이거든요. 그런데 홀로 마실
때는 조금 달라요. 차를 우리는 시간과 향, 그 순간에
몰입하게 되죠. 그때 비로소 나를 깊게 들여다보는 시간이
생겨요. 머리는 깨어 있지만 마음은 차분히 가라앉는,
일종의 명상과도 같은 상태죠. 저는 그 시간이 차가 가진
중요한 가치라고 생각해요. 그때 마시는 차가 꼭 귀하고
특정한 차일 필요는 없어요. 녹차든 홍차든 보이차든
상관없죠. 찻잎의 성분이 사람을 지나치게 들뜨게 만들지
않고 차분하게 깨어 있게 하는 특징이 있어요. 그래서 처음
차를 접하는 분들에게도 맛이나 향보다 먼저 이런 시간을

경험해 보라고 권하는 편이에요. 그러다 보면 자연스럽게
자신이 좋아하는 차의 취향도 찾아가게 되거든요.

**아까부터 아이가 저희의 찻자리를 궁금해하며
기웃거리는 모습이 귀여웠어요(웃음). 하윤이와는 언제부터
차를 마시기 시작했나요?**
처음부터 차를 마시게 한 건 아니었어요. 아이가 아주
어릴 때 플라스틱 주전자로 소꿉놀이하듯 시작했어요.
차를 우려보시면 알겠지간, 물을 따르는 행위에는 꽤
높은 집중력이 필요하거든요. 조금만 시선을 놓쳐도 물이
사방으로 흘러버리니까요. 그래서 아이에게도 이런 경험이
도움이 되겠다는 생각이 들었어요. 부엌 의자에 아이를
앉혀두고 물 따르는 법을 알려줬어요. 굉장히 집중해서
하더라고요. 처음에는 둘론 다 흘리지만, 점점 정확하게
따르려고 애쓰는 과정에서 자연스럽게 조절 능력이나
집중력이 길러지는 것 같았어요. 지금도 차를 마실 때 차에
대해 장황하게 설명하지는 않아요. 한때는 학습 효과를
기대하고 세계 국기 카드와 홍차 산지를 연결해 설명해 본
적도 있는데, 아이가 금세 지루해하더라고요(웃음). 그래서
지금은 그저 '함께 앉아 있는 시간' 자체에 의미를 둬요.
차를 마시는 동안만큼은 휴대폰에서 벗어나 셋이 온전히
마주 보게 되거든요. 모두가 화면만 응시하는 이 시대에,
이런 시간은 무엇보다 귀하다고 생각해요.

**지식적인 배움 이전에 차를 즐기는 환경을 자연스럽게
만들어주시는 거네요.**
그렇죠. 일종의 세뇌이기도 하죠(웃음). 저는 아이가
어릴 때부터 어떤 차를 마셔야 한다고 강요하지 않아요.
차도 결국 개인의 취향이니까요. 재미있는 건 아이가
친구들에게 가끔 "우리 집에서는 차도 마셔."라고 은근히
자랑을 한다는 거예요. 하윤이는 요즘은 정작 예전처럼
자주 차를 마시지는 않거든요. 제가 권하면 한 잔 정도
마시고 가는 정도예요. 그런데도 그런 이야기를 하는
걸 보면 본인이 차를 마시는 사람이라는 걸 은연중에
알리고 싶은 마음이 있나 봐요. 얼마 전에도 어라운드에서
인터뷰하러 온다고 하니까 아들이 괜히 이것저것 보여줄
게 있어야 하지 않냐고 고민하더라고요. 그래서 "그럴
필요 없어. 네가 좋아하는 차 우려줄 테니까 마시면
돼."라고 했는데도 차어 관해 무엇을 보여주어야 할지 한참
고심하는 모습이 웃기기도 했어요. 그런 모습을 보면 제가
아이의 마음속에 심어주고 싶었던 씨앗이 조금씩 자리를
잡아가고 있다는 생각에 들어 흐뭇해지곤 해요.

차를 통해 하윤이에게 어떤 씨앗이 남기를 바라세요?
지금 당장 차를 많이 마시지 않더라도, '차를 마시는 건

참 좋은 것'이라는 감각만큼은 이미 아이 안에 스며든
것 같아요. 저는 그 기억을 언젠가는 다시 찾게 될 거라
믿어요. 하윤이가 바둑을 4년 정도 꽤 오래 했거든요.
여러 대회에 나가면서 승부의 세계를 경험했는데, 사실
아이들에게 그런 긴장과 스트레스는 감당하기 벅찬
것이기도 하잖아요. 어떻게 풀어야 할지 모를 나이이기도
하고요. 그래서 바둑 대회 전에 항상 "숨을 세 번만
쉬어 봐."라고 말해줘요. 물의 이미지를 떠올리면서
천천히 호흡해 보라고요. 이제는 시키지 않아도 스스로
하더라고요. 그런 작은 습관들이 아이 안에 조금씩 쌓이고
있어요. 나중에 아이가 커서 바둑이 아니더라도 인생의
수많은 경쟁과 고민 앞에 서는 날이 오겠죠. 그때
차 한 잔이 완벽한 해결책은 아닐지 몰라요. 어떤 날은
밖에 나가 뛰는 게 더 도움이 될 수도 있고요. 그래도
어느 순간 자연스럽게 차를 떠올리면서 "그럼 차 한번
마셔볼까?" 하고 스스로 다독일 수 있다면 좋겠어요.

**아이가 차를 가까이하며 자연스럽게 자리한 습관도
있나요?**
우선 단 음료를 그리 좋아하지 않아요. 과일 주스도 거의
마시지 않는 편이고요. 차를 오래 마시다 보니 단맛이 강한
음료에 노출될 기회가 적었거든요. 겨울에는 학교 갈 때
차를 한 김 식혀서 텀블러에 싸 주기도 하는데요. 따뜻한
차에 익숙해서인지 얼음이 들어간 음료나 아이스크림도

잘 못 먹더라고요. 몇 년 전에는 유치원에서 전화가 온 적도
있어요. 아이들에게 아이스크림을 나눠 줬는데 하윤이만
먹지 않겠다고 해서 혹시 부모님이 건강 때문에 못 먹게
하시는 건지 물어보시더라고요. 그저 아이스크림이 너무
차갑고 달아서 아이가 잘 못 먹는 거였어요. 저는 아이들이
너무 자극적인 맛에 굳이 빨리 익숙해질 필요는 없다고
생각해요. 아이에게 차를 권하고 싶다면 부모가 좋아하는
차를 함께 마셔보라고 말씀드리고 싶어요. 아이를 위해
따로 준비하는 것도 좋지만 아이들은 부모가 무엇을
좋아하는지 궁금해하고, 또 자연스럽게 따라 하거든요.
저희 아이도 그렇게 여러 차를 한 번씩 경험하고 있어요.
그러다 보면 언젠가 자신의 취향을 만나게 되겠죠.

**곧 본채로 넘어가서 하윤이와 함께 차를 마셔볼 텐데요.
그 전에 이 차실이 은진 씨에게 어떤 의미인지 묻고
싶어요.**
저에게 이 차실은 일종의 '미래' 같은 공간이에요. 나중에
하고 싶은 일들이 계속 떠오르는 곳이거든요. 제가 결국
하고 싶은 건 차에 담긴 이야기를 더 많은 사람들에게
전하는 일이에요. 한때는 이곳을 1인 차실로 개방해
보듬이를 직접 써보게 하거나, 외국인에게 한국의
차 문화를 인문학적으로 소개하는 공간을 꿈꾸기도
했죠. 단순히 차 마시는 것뿐 아니라 한국 사람들이 차를
대하는 태도도 인문학적으로 함께 이야기해 보고 싶다는
마음이 있어요. 물론 현실에서는 아이를 키우고 일하느라
늘 바빠요. 본채에서 바쁘게 지내다가 이 공간이 눈에
들어오면 문득 그런 생각이 들어요. '아, 맞다. 내가 아직

하고 싶은 일이 있었지.' 하고 되새기는 거죠. 꼭 여기에서
차를 마시지 않더라도 이 공간이 보는 것만으로도 다시
차를 떠올리게 되더라고요.

**잠시 잊고 지내던 마음을 다시 꺼내 보게 하는
공간이네요. 늘 눈앞에 존재한다는 것만으로도 의미가
클 것 같고요.**
맞아요. 그래서 저는 이 공간을 '별세계'라고 부르기도
해요. 아직 현실로 완전히 이루어진 건 아니지만, 앞으로
펼쳐질 가능성이 계속해서 머물러 있는 느낌이거든요.
언젠가는 꼭 현실이 될 거라 믿는 저만의 미래 같은 거죠.
요즘 많은 분이 비전 보드를 만들곤 하잖아요? 저에게는
이 차실이 바로 그런 역할을 해요. 제가 꿈꾸는 것들이
눈앞에 실재하고 있다는 감각을 주니까요.

**만약 이런 독립된 차실이 없었다면, 차 마시는 일상은
지금과 달라졌을까요?**
아마 저만의 방식을 또 찾아냈을 거예요. 저는 운 좋게
별도의 공간을 마련했지만, 사실 그런 여건을 갖추기가
쉽지는 않잖아요. 저 역시 이 집을 짓기 전에는 아이가
잠든 침대 곁에 작은 찻상을 펴놓고 차를 마시곤 했거든요.
꼭 거창한 공간이 아니더라도 방법은 어떻게든 찾게
되더라고요. 제가 공간을 중요하게 여기는 사람이긴
하지만, 사실 그보다 더 중요한 건 그 시간을 기꺼이
내어주는 '마음의 여유'라고 생각해요. 그러니 꼭 근사한
다실이 아니어도 괜찮다는 말씀을 꼭 드리고 싶어요.

하윤이와 함께 즐기는 차

"이 홍차는 향이 좋고, 마시면 마음이
따뜻해지고 기분이 좋아져요."

하윤이는 스리랑카 누와라엘리야 지역의 홍차를 즐겨요.
전통 제다 방식으로 만들어 찻잎 형태가 그대로 살아 있는
것이 특징이에요. 은은한 꽃향기가 나고 맛이 가벼워 떫은
맛이 강하지 않고요. 하윤이가 여러 차를 마셔본 뒤 가장
좋아한다고 말한 차이기도 해요.

아이가 차에 관심을 갖게 하고 싶다면 꽃차를 권해 보세요.
꽃에 뜨거운 물을 부으면 꽃이 다시 천천히 피어나는 모습
을 볼 수 있는데, 그 장면을 아이들이 굉장히 신기해해요.
향도 부드럽고 맛도 비교적 순한 편이라 편하게 마실 수 있
습니다.

아이와 마실 차를 하나로 정해 두기보다는 여러 차를 함께
시도해 보면서 취향을 찾아가는 과정이 더 좋다고 생각해
요. 아이에게도 자연스럽게 선택권을 줄 수 있고요.

우리가 머문 찻자리

오롯이 나에게 집중하며 잠시 멈춰 서 본 어느 날의 기록.
두 에디터가 각각 다른 동네에서 마주한 찻자리의 장면들을 차례로 전한다.

다도레 티룸

다도레의 조채련 대표는 차 마시는 일을 '가장 빠르게 누릴 수 있는 호사'라고 말한다. 내 몸이 먼저 알아채는 편안함에 귀 기울이는 시간. 다도레에서 세 가지 차를 마시며 보낸 시간은 일상의 틈을 메우는, 더없이 다정한 사치였다.

에디터 황진아   포토그래퍼 박은비

O. 매일 12:00–19:00 헤야제 티 코스 운영

A. 서울 서대문구 증가로 13-9 3층

내 몸에 편한 차를 마시며

연희동의 조용한 길, 번듯한 간판 하나 보이지 않는 하얀
건물 앞에 서서 고개를 갸웃거린다. 계단을 오르고 나서야
비로소 보이는 한 뼘 남짓한 나무 입간판. "은은한 차와
정갈한 다기"라 적힌 정직한 안내를 따라 문을 여니,
동쪽에서 넘어온 햇살이 하얀 벽면을 타고 흐른다. 최소한의
기물이 놓인 공간은 비어 있는 만큼, 나에게 집중하도록
시선을 붙잡는다.
자리에 앉자 주인장은 아침마다 마신다는 '어린 봄 쑥차'를
내어준다. 하동 지리산 자락, 사람이 오가지 않는 깊은
산속에서 자라난 어린잎만 골라 딴 차. "저희는 도로와
가까운 차밭과는 거래하지 않아요. 사람의 기운이 많이
섞이지 않은 자연의 기운을 전하고 싶어서요." 주인장의

목소리엔 차의 '순함'에 대한 고집이 묻어난다. 속이 약한
그가 스스로를 돌보기 위해 곁에 두는 이 차는, 다도레가
지향하는 '내 몸에 편안한 차'의 기준이기도 하다.
찻잎의 향을 먼저 맡는다. 코끝을 스치는 달큼한 냄새.
포근하게 졸여낸 꿀이나 갓 쪄낸 쑥떡의 향기에 가깝다.
쑥에서 이런 단 향이 날 수 있을까 싶어, 몇 번이고 코를
가까이 가져다 댄다. 다관 바닥에서 포슬포슬하게 엉켜 있던
여린 쑥잎이 뜨거운 물과 닿자 이내 차분하게 가라앉는다.
찻물은 갈색에 가까운 깊은 색으로 번져나가고, 한 모금
머금으니 기분 좋은 온기가 온몸에 노릇노릇하게 퍼진다.
억지로 힘주어 우려내지 않은 자연의 맛은 마실수록
어디 하나 걸리는 구석 없이 속을 보듬는다.

오래된 향의 기억

찻물이 바뀌고 공간의 공기가 조금 더 짙어질 무렵 마주한 두 번째 차, '할매 띄움차'. 중국의 보이차나 대만의 우롱차 같은 이국적인 화려함 대신, 한국의 발효 미학이 깃든 흑차다. 주인장은 한국적인 발효차의 맥이 끊겨가는 것이 못내 아쉬워 직접 하동의 한 장인을 찾아갔다. 차 전문가는 아니지만, 평생 청국장을 빚어온 할머니가 손님과 스님들께 대접하려 손수 만들던 띄움차의 존재를 알고 있었기 때문이다. 소중한 사람들을 위해 정성을 다해 빚어낸, 그 진심을 주인장은 잊지 않고 있었다.

처음엔 "나이 먹어 무슨 차를 만드냐."며 손사래를 치던 할머니의 마음을 돌린 건 의외의 지점이었다. 밀가루와 찬 음식을 즐기느라 몸이 냉해진 요즘 젊은이들이

안타깝다는, 두 사람의 공통된 마음이 맞닿은 것이다. 그렇게 청국장의 발효 기술을 차에 접목해 탄생한 이 차의 잎에는 하얀 누룩 꽃이 곰팡이처럼 피어 있다.

차를 우려 향을 맡는 순간, 묘한 그리움이 밀려온다. 국적을 불문하고 이곳을 찾는 이들이 입을 모아 '할머니 집'을 떠올린다는 그 향이다. 시골집 창고의 묵직한 흙 내음일까, 혹은 볕이 잘 드는 아랫목에 깔아둔 이불 아래서 나던 포근한 냄새일까. 향을 따라가다 보면 잊고 있던 어느 날의 장면이 문득 눈앞에 맺힌다. 쓴맛 없이 부드럽게 감도는 단맛은 마실수록 봄볕 아래 앉아 있는 듯 몸 안쪽에서부터 기분 좋게 차오르는 열감을 남긴다.

한 잔의 봄빛을 따라

찻자리의 마지막은 '목련 꽃차'가 장식했다.
다도레DADORE라는 이름 안에는 '사랑하다Adore'와
'다시Re'라는 단어가 숨어 있다. 한국 차를 새로운 감각으로
재해석해 일상에 더 가까이 두겠다는 애정 어린 다짐이다.
그 마음을 닮은 목련 꽃차는 꽃봉오리를 한 겹 한 겹 손으로
열어 정성껏 말린 결과물이다. 이 정밀한 과정을 거치며
순백색 꽃잎은 샛노란 빛으로 물든다.
가장 경이로운 순간은 뜨거운 물이 닿는 찰나. 응축되었던
노란 기운이 물속으로 사르르 녹아내리기 시작한다. 꽃잎은
제 색을 기꺼이 내어주며 본연의 맑은 빛으로 돌아오고,

투명했던 물은 인공적인 색소로는 흉내 낼 수 없는 선명한
형광빛으로 채워진다. 주인장은 주전자 속에서 꽃잎이
하나하나 부드럽게 펼쳐지는 풍경은 그 자체로 완벽한
꽃놀이가 된다고 했다.
눈으로 이 호사스러운 빛깔을 충분히 만끽하고 나니,
알싸하면서도 우아한 향이 입안을 씻어준다. 인공적인
향수와는 결이 다른, 자연이 뿜어내는 생동감 넘치는
향기다. 사라져가는 향이 아쉬워 찻잔을 쉬이 내려놓지
못한다. 내 몸에 입히고 싶을 만큼 우아한 이 꽃의 기운은,
소란스러운 도심의 소음을 잠시 잊게 하기에 충분하다.

"한국 차를 해도 충분히 업을 이어갈 수 있다는 걸 보여주고 싶다는 일종의 책임감이 있어요. 우리가 더 성장해서 거래하는 농가가 늘어날수록, 대를 이어 차를 지키기로 결심한 후계 농부들의 발걸음도 가벼워질 거라 믿거든요. 누군가의 애정이 듬뿍 담긴 차 한 잔을 앞에 두고 도란도란 이야기를 나누는 다우(차를 나누는 벗)들이 더 많아졌으면 좋겠습니다. 그 관심이 결국 우리 차를 지키는 가장 큰 힘이 될 거예요."

녹무

에디터 **차의진**　포토그래퍼 **박은비**

'푸르게 자라난 들풀'이라는 뜻의 녹무綠蕪는 자연 속
계절과 풍경에서 피어오른 영감을 작고 수수한 동양의
디저트에 담아낸다. 아름다운 와가시 옆에는 그와
어울리는 차가 놓인다. 아름다운 찻자리의 장면에 살짝
고개를 내민 어느 오후. 그날의 시간을 이곳에 풀어둔다.

O. 금, 토요일 예약제 차실 운영

A. 서울 노원구 공릉로 123 2층

공릉의 어느 아름다운 차실

물이든 음료든 마시는 일에는 좀처럼 부지런하지 못하다. 여럿이 카페에 모여도 내 것만 한참 남아 있고, 카페인에 약한 탓에 커피는 멀리한 지 오래다. 그렇기에 차 역시 낯설었다. 사뭇 진지한 도습으로 차를 음미하는 내 모습은 상상 속이라도 어쩐지 어색했달까.
나의 편견을 무르게 만들고, 차의 세계로 사뿐히 안내한 공간은 녹무였다. 우연히 마주한 녹무의 와가시(일본 전통 과자)는 감각적인 오브제 같은 모습이었다. 이토록 예쁜 과자는 정말 먹을 수 있는지, 베어 물면 어떤 맛이 날지 호기심이 피어올랐다. 디저트라면 뭐든 좋았으니까. 그런데 이곳, 예약제 차실을 운영하고 있단다. 일주일 중 이틀은

낯선 이를 위해 찻자리를 마련하고, 나머지는 와가시를 미리 주문한 손님들이 직접 가져갈 수 있게 하는 방식. 녹무의 와가시와 차를 함께 맛보는 자리라니, 설레는 마음을 안고 공간이 자리한 공릉으로 걸음을 옮겨 보기로 한다.
녹무는 아파트와 상가가 모여 있는 제법 푸근한 동네에 위치한다. 이곳의 문을 여니 바깥과는 전혀 다른 그림이 펼쳐졌다. 흰 천 사이로 보이는 주홍빛 조명, 다구 앞에서 담소를 나누는 손님들. 아름다운 동양적 분위기의 공간을 둘러보는 사이, 운영자 권세현 씨가 작업 공간에서 나와 인사를 건넸다. 다정한 환대에 화답하고, 자리에 앉아 녹무에서의 시간에 잠겨보기로 한다.

소박하게 담은 자연의 인상

자리에 앉으니 가장 먼저 웰컴티 팥차와 매실 코하쿠토가
테이블 위에 올랐다. 입안에서 맴도는 구수하고 은은한
단맛을 느끼는 사이, 곧이어 와가시가 나왔다. 운영자 세현
씨는 과거 디자인 회사를 다니며 동양적인 분위기와 요소를
담는 작업을 주로 해왔다. 차를 즐겨 마셨기에 와가시를
자연스럽게 접했고, 작은 디저트 안에 다양한 의미를 담을
수 있다는 점에 매력을 느껴 직접 만들기 시작했다고.
이제는 이곳 녹무에서 와가시를 한국적으로 재해석하고,
제철 재료를 더해 계절마다 새로운 디저트를 만든다.
주문한 시그니처 와가시는 계절 한정 와가시와 달리,
일 년 내내 제공된다. 단청을 닮은 '녹화'와 풀 위
새벽이슬이 맺힌 모습의 '들풀'이 아름답다. '산수'는 녹음이
깃든 산에 물결이 흐르는 모습이며, '새싹'은 갈라진
땅 위로 연한 초록빛이 솟는 모양이다. 오롯한 시간을
보낼 수 있도록 주인장은 자리를 비켜 주었고, 나는 자연의
색과 풍경을 닮은 와가시를 눈으로 먼저 맛보았다. 정성과
세심함이 깃든 모양에 먹기를 망설이다, 이내 녹무에서
직접 제작한 은빛 집기로 와가시를 조금 잘라 입에 넣었다.
말차, 유자, 무화과, 팥 등 종류마다 다양한 속재료가
느껴졌다. 기품 있는 겉모습 안에 감춰진 은은한 달콤함.
녹무의 이름처럼 소박하고 담백하다. 차실에서는
'계절의 초상'이라는 이름으로 계절 한정 디저트도
준비되니, 와가시 외에 새로운 경험을 하고 싶다면 미리
예약해도 좋다.

계절의 장면 곁에 흐르며

녹무의 차는 '고른 숨', '깊은 숨', '스민 숨' 세 카테고리로
나뉜다. 고른 숨은 말차, 호지차 등 차를 처음 마시는 사람도
편안하게 즐길 수 있는 일상 차다. 깊은 숨은 다양한 향과
맛을 지닌 종류의 고급 차로 무이암차, 보이숙차 등으로
구성된다. 마지막 스민 숨은 차에 유자, 말차 등을 더한 음료
메뉴다.

세현 씨는 끊임없이 변하는 섬세한 차의 매력에 이끌렸다.
"차의 종류에 따라 우리는 방식이 달라지고, 사람, 방식,
담아내는 기물에 따라 맛과 향이 조금씩 달라지는" 점이
좋았다고. 그 다채로움을 표현하고 싶어 여전히 차를
연습하고 연구한다.

이날 예약한 차는 깊은 숨의 '봉황단총 밀란 노총'. 중국
봉황산 오동촌의 100년 된 차나무에서 채엽한 차라는
설명에 호기심이 일었다. 냉침차 특성상 향이 날아가기
쉬워, 길고 좁은 유리병에 담아 향을 가두고 얼음 바구니에
시원하게 제공된다. 익숙한 화이트 와인의 외양을 하고 있어
차를 마시는 시간이 더욱 감각적이고 친숙하게 다가왔다.
맛 역시 향긋한 과일 향이 감돌며 와가스와 자연스럽게
조화를 이루었다.

다른 차 역시 낯선 다구에 직접 내려 마실 필요 없이,
주전자와 유리잔 등에 우려져 나온다. 공간은 엄숙하지 않고
잔잔한 대화가 오가기 좋은 분위기이니 긴장은 내려두어도
좋다. 녹무는 감각적인 디저트, 그와 어울리는 차 메뉴로
차실을 찾는 누구든 환영한다. 자연의 아름다움을 눈으로
작게 잘라 입에 넣고, 향긋한 음료를 머금는 시간. 일상의
틈에 핀 좋은 기분을 안고 문을 나선다.

"차는 다과의 향과 맛을 살려주기도 하고, 다과는 차의 결을 더욱 깊게 만들어 주기도 해요. 하지만 조합이 맞지 않으면 서로의 매력을 흐려놓기도 하죠. 녹무는 차와 디저트가 함께 어우러질 때 생기는 조화로운 순간을 편안하지만 새롭게 경험하실 수 있도록 구성을 고민해요. 단순히 모양이 아름다운 디저트를 넘어 자연의 장면과 제철 재료의 맛을 한데 담아내려고 하죠. 손님들이 이것들을 차와 함께 즐기며 계절의 흐름을 느끼는 시간을 보내셨으면 해요."

Brand
차와 삶을 잇는 시간
Magpie&Tiger

하동의 산비탈에서 손으로 일일이 고른 찻잎이 서울의
티룸에서 한 잔의 차로 놓이기까지, 그 사이에는 서두르지
않은 계절의 기척이 배어 있다. 맥파이앤타이거는 다원에서
비롯된 정성과 이야기를 도시의 일상으로 옮긴다. 찻잎이
자라고 덖어지는 기나긴 여정을 기꺼이 동행해 온 끝에,
그 시간이 고스란히 담긴 차가 우리의 하루에 닿는다.

에디터 황진아 포토그래퍼 강현욱 자료 제공 맥파이앤타이거

누구나 즐기는 예술처럼

맥파이앤타이거는 까치Magpie와 호랑이Tiger가 함께
등장하는 조선 시대 민화 '호작도'에서 영감을 받았다.
호작도는 작자 미상의 작품이 많고, 화풍과 구성이
다양하게 변주된 그림이다. 양반 계층만 향유하던
고가의 예술이 아니라, 새해가 되면 집 안에 걸어두거나
서로 선물하며 건강과 풍요를 기원하던 민중의 생활
예술이기도 했다.
특정한 이들만의 전유물이 아닌, 누구나 일상에서 즐기던
예술. 호작도가 그랬듯 차 역시 어렵고 폐쇄적인 세계에
머무는 것이 아니라, 생활 속에서 자연스럽게 향유되기를
바랐다. 맥파이앤타이거는 '우리 생활에는 예술이
필요하다.'는 믿음 아래, 차를 가장 가까운 형태의 일상
예술로 제안하며 그 메시지를 호랑이와 까치의 상징에
담아내고 있다.

하동에서 시작된 한 잔의 약속

2018년, 김세미 대표가 개인적으로 좋아하던 다원을 직접
찾은 것이 맥파이앤타이거와 하동 산지 인연의 시작이었다.
우연히 선물 받은 다기를 계기로 차에 매료된 그는,
브랜드를 만들겠다는 결심 하나로 하동에 내려갔다.
그날은 비가 추적추적 너렸다. 먼 길을 달려갔으나 흐린
날씨 탓에 마음이 무거웠던 그에게 다원 대표는 첫인사로
이런 말을 건넸다. "비 오는 날은 원래 귀한 손님이 와요."
사소한 한마디였지만, 그 말에는 낯선 이를 향한 환대와
조용한 신뢰가 담겨 있었다. "차 브랜드를 해보고 싶다."는
제안에 다원은 선뜻 손을 내밀었다. 아무 기반 없이 찾아온
젊은이들이 얼마나 버틸 수 있을지 확신할 수는 없었으나,
"해보고 싶은 건 해보라."는 마음으로 이들의 시작을
지지했다.
그 이후 맥파이앤타이거는 하동 다원과 꾸준히 호흡을
맞춰왔다. 원물을 수급하고 함께 맛을 보며, 해마다 더 나은
방향을 논의한다. 필요할 때면 직접 산지로 내려가 계절의
변화와 차의 상태를 살핀다. 맥파이앤타이거에게 하동은
단순한 공급처가 아니라, 차를 매개로 같은 시간을 살아가는
동반자에 가깝다. 산지의 새벽과 서울의 오후는 그렇게
자연스럽게 이어진다.

지리산 자락에 심은 꿈

2025년 6월, 맥파이앤타이거 팀원들이 하동에 모였다. 협업 중인 다원을 방문하기 위해서가 아니라, 차나무 씨앗을 직접 심기 위해서였다. 지리산 자락의 언덕 위, 평지에서 가파른 산비탈을 15분쯤 올라야 닿는 그곳은 아직은 황무지에 가까운 땅이었다.

차 브랜드가 차밭을 직접 일군다는 것은 단순히 찻잎을 유통하는 데 그치지 않고, 재배의 시작점부터 함께하겠다는 의지의 표명이다. 씨앗이 싹을 틔우고, 잎이 차가 되기까지 기다려야 하는 몇 년의 시간. 그 기나긴 과정을 기꺼이 감수하겠다는 다짐은 단기적인 성과가 아닌 본질적인 방향을 바라보겠다는 태도이기도 하다.

돌이 그대로 드러난 흙 사이사이 구멍을 내고 차 씨앗을 네 알씩 심었다. 그중 일부는 썩어 사라지고, 일부만 뿌리를 내릴 것이다. 브랜드 초창기부터 품어온 '언젠가 우리만의 차밭을 일구고 싶다.'는 바람이 비로소 땅에 닿은 순간이었다. 미래는 알 수 없으나, 그렇기에 스스로 만들어갈 수밖에 없다는 마음으로 흙을 덮었다. 언젠가 이곳이 초록으로 번져갈 날을 떠올리며.

ⓒ맥파이앤타이거

ⓒ맥파이앤타이거

차와 닮은 삶, 삶과 닮은 차

차는 인류가 오래도록 곁에 두어온 음료다. 그만큼 다양한
시간과 태도가 그 안에 스며 있다. 맥파이앤타이거는 차를
단순한 기호품이 아닌, 삶을 비추는 매개로 바라본다.
하동의 다원을 오가며 만난 사람들, 자연의 흐름 속에서
브랜드는 '차와 닮은 삶'을 정의하는 여섯 가지 단서를 길어
올렸다.
어떤 삶을 살고 싶고, 또 어떤 이야기를 전하고 싶은지에
대한 브랜드의 고민은 결국 차를 둘러싼 모든 정직한 과정과
맞닿아 있다. 차를 곁에 둔다는 것은 어쩌면, 우리의 일상을
이토록 단단한 가치들로 채워가는 연습일지도 모른다.

1. 하루하루 정진하는 삶

혹독한 계절을 지나 다시 잎을 틔우는 차나무처럼, 묵묵히
오늘을 이어가는 태도에서 꾸준함의 가치를 배운다.

2. 정성껏 지금을 사는 삶

냉해가 스쳐 간 봄에도 찻잎은 오늘 자랄 만큼 기어이
자라난다. 차는 늘 '지금'의 시간 안에서 완성된다는 사실을
일깨운다.

3. 과정이 탄탄한 삶

찻잎을 따고, 말리고, 덖는 인고의 과정을 정직하게
통과해야 한다. 묵묵한 시간이 쌓여 비로소 차의 깊은 맛이
완성된다.

4. 겸손한 자세로 배우는 삶

해마다 더 나은 차를 위해 연구를 멈추지 않는 제작자의
모습에서, 배움에는 끝이 없다는 평범하고도 귀한 사실을
깨닫는다.

5. 과정에서 나를 홀대하지 않는 삶

좋아하는 향이 올라올 때 잠시 작업을 멈추며 향을 맡는
순간. 결과를 좇기보다 과정에서 나를 돌보는 다정한 태도를
발견한다.

6. 조금은 유쾌한 삶

차를 만드는 시간은 진중하되, 그 안에 담긴 이야기를
가볍게 나눌 줄 아는 여유. 그 유쾌함이 결국 오래 이어갈
힘이 된다.

김수진

맥파이앤타이거 마케터

차와 함께하는 시간을 오래 곁에 둔 사람. 김수진 마케터는 매일 찻잎을 우리며 오늘의 마음과 자신이 쓸 수 있는 힘의 양을 살핀다. 다원에서 건너온 풍경이 누군가의 하루에 가닿는 순간을 상상하며, 그 연결의 모양을 고민하고 매만져온 시간도 어느덧 적지 않다. 찻잎 하나에 깃든 정성과 차가 건네는 기쁨을 더 많은 이와 나누고 싶다는 그를, 맥파이앤타이거 성수티룸에서 만났다.

지금 내어주신 차가 잭살차죠? 참새의 혀에서 기인한 이름이라니 흥미로웠어요.
맞아요. 참새의 혀처럼 작다고 해서 '작설雀舌'이라 불리던 것이, 경상도 방언을 거치며 '잭살차'가 됐어요. 하동 지역에서 전해 내려오는 전통 홍차인데, 저희가 직접 시음을 도와드릴 때도 자주 소개하는 차예요. 새콤하고 푸릇한 향 위에 뭉근한 단맛이 겹치는 게 특징인데, 색다르면서도 편안하게 즐길 수 있다는 점이 매력적이죠. 개인적으로는 일이 벅찰 때 이 차를 한 모금 마시면 긴장이 풀어지는 기분이 들어요. 약간의 카페인이 있지만, 그보다 마음을 이완시키는 힘이 더 크게 느껴지거든요. 새로운 차를 시도해 보고 싶지만 지나치게 강한 개성은 부담스러울 때, 잭살차를 권해요.

맥파이앤타이거는 하동이라는 지역과 특별한 연결점이 있어요. 우리나라 대표적인 차 산지로 하동, 제주, 보성 등이 있는데 하동 산지만의 특징은 무엇일까요?
하동은 한쪽으로는 섬진강, 다른 한쪽으로는 지리산 자락을 두고 있어요. 매일 아침 운무가 피어오르는 지형 덕분에 차나무가 자라기에 참 좋은 환경이 만들어지죠. 또 다원 대부분이 산비탈에 있어 기계를 이용한 대량 수확이 어려워요. 그래서 자연스럽게 손으로 직접 찻잎을 따고 덖는 전통적인 방식이 지금까지 이어지고 있어요.

일하시며 하동 다원을 자주 오가셨을 텐데요. 산비탈의 흙을 딛고 서서 차나무를 직접 마주하는 경험을 해보니 어떠셨어요?
입사하고 처음 하동 다원에 출장 갔던 때가 여전히 선명해요. 마침 지금 드시고 있는 잭살차를 작업하던 시기였는데요. 찻잎을 산더미처럼 쌓아두고, 그 안에서 거스러미를 하나하나 손으로 솎아 내고 계셨어요. 저희도 마스크와 장갑을 끼고 그 곁에 앉아 손을 보탰죠. 저희 눈 앞에 있는 찻잎은 윤기가 흐르고 단정하지만, 그 모양이 거저 만들어진 게 아니라는 걸 그때 처음 실감했어요. 모든 공정마다 사람의 눈과 손이 닿아 비로소 좋은 잎만 남는 거더라고요. 도시에서는 이미 완성된 상품만 접하게 되니, 그 이전의 시간을 잘 모르잖아요. 그 경험 이후로 차를 소개하는 마음도 달라졌어요. 단순히 맛과 향이 좋다는 설명에 그치지 않고, 이 작은 잎 하나가 어떤 과정을 거쳐 우리에게 왔는지 그 귀함에 대해 이야기하게 됐거든요. 자연스레 '정말 필요한 분들에게 닿았으면 좋겠다.'는 마음도 생겼고, 주변 사람들에게 저희 차를 권할 때도 전보다 더 단단한 확신을 갖게 되었어요.

다원과 브랜드, 소비자 사이에서 마케터는 어떤 역할을 해야 한다고 생각하세요?
제가 마주한 농부의 세계에서는 말보다 행동만이 존재해요. 묵묵히 차밭을 가꾸고, 잎을 수확하고, 덖어내는 정직한 노동의 시간을 통해 차가 나오기 때문인데요. 저는 그 과정과 결과물을 브랜드의 언어로 번역해서 소개하는 사람이라고 생각해요. 동시에 도시의 일상에서 우리 차가 어떻게 받아들여지는지 세심히 듣고 기록하는 일도 제 몫이죠. 그리고 그 따뜻한 후기들을 다시 산지에 전해드려요. 매일 성실히 차를 만드는 분들께는 "정말 맛있게 마셨다."는 말 한마디가 생각보다 큰 동력이 되거든요.

**그 연결의 과정에서 마케터로서 갖는 남모를 고민이
있다면 무엇일까요?**

차를 너무 무겁지 않게, 편안한 일상으로 제안하고 싶다
보니 그 이면의 시간과 노력을 매번 충분히 보여드리지
못할 때가 있어요. 차 한 잔에 담긴 기나긴 공정을 알게
되면 대하는 마음가짐도 달라질 텐데, '일상의 차'를
지향하는 브랜드로서 그 사이의 균형을 맞추는 게
늘 고민이에요. 그래서 아티장Artisan 라인만큼은 그 과정의
귀함을 조금 더 또렷하고 깊이 있게 보여드리려 노력하고
있어요.

아티장 라인은 어떤 고민에서 출발한 제품이에요?

세상에는 정말 매력적이고 실험적인 차가 많아요. 하지만
가격이 높거나 생산 기간이 짧아 상시로 소개하기 어려운
경우도 많죠. 수량이 한정적인 우전 녹차처럼요. 아티장
라인은 바로 그런, 조금 더 깊이 있는 차의 즐거움을
공유하고 싶다는 갈증에서 시작됐어요. 제다 과정에서
마이야르 반응을 활용해 제다 실험을 하거나, 운남 야생
차처럼 지역과 품종의 개성을 극대화한 차들을 선보이고
있죠. 가장 흥미로웠던 작업은 전통주 항아리를 활용한
잭살차 실험이었어요. 안동 농암종택의 일엽편주 항아리를
빌려 술의 향 분자를 찻잎에 입히는 시도를 해봤거든요.
한국적인 방식으로 차의 향을 확장해보고 싶다는 호기심이
만든 결과물이었죠.

**생산량이 한정되어 있다는 건, 품은 많이 들고 효율은
낮은 작업일 수도 있잖아요. 그 수고로움을 기꺼이
반복하는 이유는 무엇일까요?**

맞아요. 사실 아티장 라인은 품이 정말 많이 드는
작업이에요. 일반 제품은 한 번 개발해두면 장기적으로
판매가 가능하지만, 아티장 라인은 출시 후 짧게는 하루,
길어야 한 달 안에 품절되곤 하거든요. 매번 백지상태에서
새롭게 시작해야 하는 셈이죠. 그럼에도 이 작업을 멈추지
않는 건 차가 가진 다채로운 매력과 무궁무진한 세계를
꾸준히 제안하고 싶기 때문이에요. 늘 새로운 시도를 하고,
그 과정에서 발견하는 재미와 영감이 저희에겐 큰 동력이
되거든요. 아티장 라인은 맥파이앤타이거가 발견한 차의
가능성을 솔직하게 전개하는 통로이기도 해요.

수진 씨는 처음에 어떻게 차를 접하게 되었어요?

처음 계기는 여행이었어요. 스리랑카에 NGO 구호활동을
갔다가 식사 때마다 차를 끓여 나누는 문화를 처음
접했어요. 알고 보니 스리랑카는 대표적인 차 산지였어요.
인도 여행 중에는 길에서 짜이를 끓여 나누는 일상을 보게
됐죠. 자연스레 차 문화, 그리고 따뜻한 음료를 사이에

두고 시간을 나누는 사람들의 모습에 흥미가 생겼어요.
다만 당시에는 차 특유의 쓰고 떫은맛 때문에 일상적으로
즐기지는 못했어요. 그러다 2021년, 연남방앗간에서
열린 맥파이앤타이거 팝업을 우연히 만났어요. 시음을
해보고 '차가 이렇게 편안하고 향긋할 수 있구나'라고
처음 느꼈죠. 본격적으로 차를 일상에 들인 건 이전 직장
퇴사 후 이직을 준비하던 시기였어요. 내가 살고 싶은
삶은 분명한데 정작 도달할 방법을 몰라 막막했고, 이미
앞서가는 사람들을 보면 속이 타는 기분이 들었거든요.
어느 날 친구와 인사동을 걷다 한 찻집에 들어갔는데,
사장님이 보이차를 계속 내어주셨어요. 앉아서 차를
홀짝이다 보니 가게를 나설 즈음엔 답답했던 마음이
사라지고 '집에 가서 뭐부터 해볼까?' 하는 의욕이
생기더라고요.

**차 몇 잔에 답답한 마음이 걷혔다니, 그 시간이 강렬한
전환점이었나 봐요.**

맞아요. 그날을 계기로 차를 평생 곁에 두고 싶다고
생각하게 됐어요. 이후 매일 아침 차를 마시며 하루를
시작했죠. 당시엔 자기만의 브랜드나 감각을 녹여
활동하는 사람들을 보며 부러운 마음이 컸어요. '나도
저렇게 해볼 수 있을까' 고민하며 매일 차를 마시고 모닝
페이지를 썼는데요. 그 시간을 통해 깨달은 건, 내가
진정으로 기여하고 싶은 일을 찾으려면 먼저 내가 무엇을
즐거워하고 어디에서 편안함을 느끼는지 알아야 한다는
점이었어요. 그전까지는 사회적 가치나 외부의 평가를
더 우선시했거든요. 차를 마시는 루틴 안에서 나만의
단서를 발견하게 되었어요. 차는 과하게 들뜨게 하지도,
지나치게 가라앉히지도 않으면서 정신을 또렷하게 해주는
음료거든요. 오늘 내가 가진 자원이 어느 정도인지, 지금의
나를 정직하게 바라보게 해줘요. 그 덕분에 내가 무엇을
할 수 있을지, 어떤 방향으로 나아가고 싶은지 차분히
고민할 수 있었어요.

**작년 서울국제도서전에서 맥파이앤타이거를 만났던
기억이 나요. 저희 어라운드 부스 바로 옆이었죠(웃음).
차 브랜드가 도서전에 참여한다는 게 신선하면서도 고개가
끄덕여졌는데, 수진 씨가 생각하는 책과 차의 접점은
어디에 있나요?**

저희는 차를 소개할 때, 차가 놓인 구체적인 장면을
상상하곤 해요. 그중에서도 책 읽는 시간은 차와 가장
잘 어울리는 순간이죠. 팀원들 모두 책을 좋아하기도 하고
브랜드 초기부터 '책과 차'라는 코너를 통해 책을 소개하는
콘텐츠도 발행해 왔어요. 도서전 참여를 결정하기까지
고민도 많았지만, 결국 책과 차를 사랑하는 사람으로서

둘 사이의 닮은 점을 보여주기로 했어요. 책을 읽는 일에는 어떤 책을 고를지 고민하고, 읽을 자리를 준비해 펼치고, 몰입하고, 감상을 기록하는 전 과정이 포함되잖아요. 차도 마찬가지예요. 찻잎을 고르고, 물과 잔을 데우고, 차가 우러나는 시간을 기다려 마시는 모든 과정이 차를 즐기는 시간이죠. 무엇보다 책과 차 모두 나를 성찰하게 하고, 세계를 조금씩 확장해준다는 점에서 깊이 닮아 있다고 느껴요.

현장에서의 반응은 어땠어요? 책을 사랑하는 사람들이 맥파이앤타이거의 부스 앞에서는 어떤 표정이었을지 궁금해요.
반응은 정말 뜨거웠어요. 오픈부터 마감까지 줄이 끊이지 않아 나중에는 줄이 'ㄹ'자로 이어질 정도였죠. 저희가 전하고자 했던 메시지에 사람들이 호기심을 갖고, 기다릴 만한 가치가 있다고 느껴주신 것 같아서 참 감사했어요. 부스 한편에 '차와 닮은 삶의 태도' 중 닮고 싶은 모습을 고르면 티백과 책갈피를 드리는 코너를 마련했는데요. 책을 좋아하는 분들이라 그런지 텍스트가 꽤 길었는데도 하나하나 정성껏 읽고 고민하시더라고요. 그 차분한 뒷모습들이 여전히 또렷하게 기억에 남아요.

맥파이앤타이거의 다음 챕터도 궁금해요. 2026년 키워드를 '도전'으로 정하셨다고 들었는데, 올해는 어떤 풍경을 그려가고 있나요?
우선 북촌에 새로운 티하우스 오픈을 준비하고 있어요. 성수 티룸이 차를 '경험'하는 공간에 가까웠다면, 북촌은 직접 시음하고 다양한 차를 찬찬히 살피며 구매까지 이어지는 리테일 숍의 형태가 될 거예요. 근처에 공예박물관이 있어 브랜드의 결이나 분위기와도 참 잘 어우러질 것 같아 기대가 커요. 국내를 넘어 해외로도 시선을 넓히고 있습니다. 작년에 이어 올해는 미국 시장 진출을 본격적으로 계획하고 있거든요. 샌디에이고와 뉴욕의 커피·차 박람회에 참가해 한국의 차를 세계에 소개할 예정이에요. 또 하나의 큰 도전은 매거진《Tea & Life magazine》의 창간이에요. 다원과 농부님의 이야기처럼 제품을 소개하는 과정에서 어쩔 수 없이 덜어내야 했던 뒷이야기들을 꼭 담아보고 싶었거든요. 차를 빚는 공예 작가, 차를 일상에서 즐기는 분들의 태도까지 엮어보려 해요. 차를 중심에 두되, 결국은 삶에 대한 이야기를 나누는 잡지가 되길 바라고 있습니다.

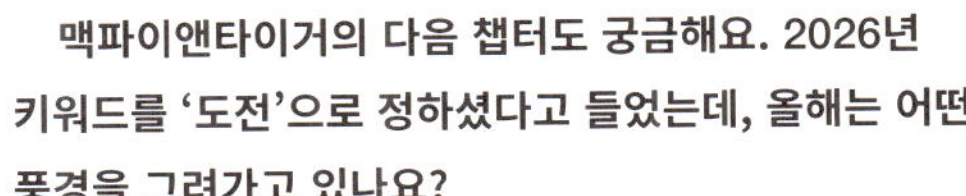

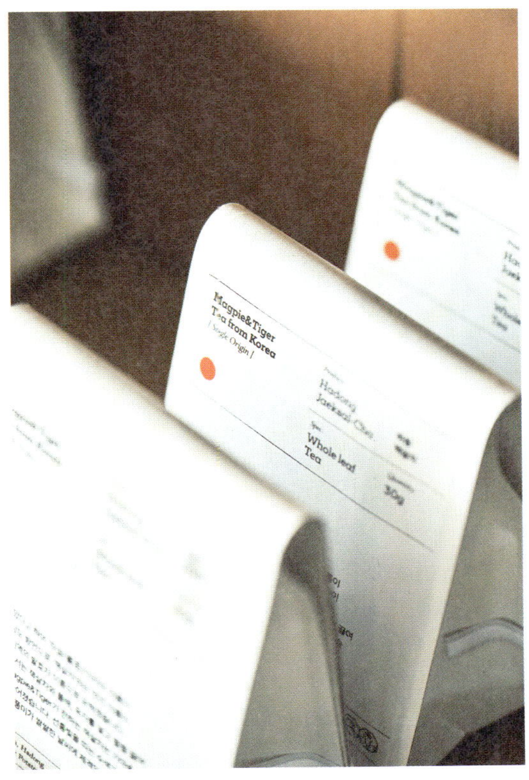

한층 깊어지는 차의 즐거움

맥파이앤타이거는 상시로 선보이기 어려웠던
고급 차를 아티장 라인의 제품으로 소개한다. 지역과 품종,
제다 방식의 특별함을 담아 차와 함께하는 일상을
한층 다채롭게 만들고 있다.

1.

2.

1. 우전 with 연우제다

아티장 라인을 통해 2024년과 2025년에 걸쳐 선보였다.
'우전'은 봄의 마지막 절기인 곡우 전, 즉 '백곡을 기름지게
하는 비'가 내리기 전 이른 봄에 수확한 가장 어린 잎으로
만든 녹차다. 겨울 내내 응축한 영양분을 가득 머금은
찻잎은 떫거나 쓴맛이 거의 없으며, 고소하고 달콤한
청아한 향미를 자랑한다. 따뜻하게 데운 다관에 찻잎을
넣으면 달콤하게 익은 밤의 향이 피어나고, 은은한
해조류의 감칠맛이 기분 좋게 스쳐 지나간다.

2. 섬진홍 (청향 홍차/진향 홍차) with 섬진다원

생태연구원의 시선으로, 제다 공정의 가설과 검증을
거쳐 탄생시킨 하동 홍차 라인업. 세작 등급의 어린
잎으로 산화도와 열처리 방식에 변주를 주어 상반된
두 가지 매력을 구현했다. 산화도를 낮춘 '청향'은
75도의 낮은 온도에서 시작할 때 숲의 싱그러운 풍미와
회백색 꽃향기가 맑게 살아나며 깨끗한 여운을 남긴다.
반면 산화도를 높이고 정교한 열처리를 더한 '진향'은
캐러멜화 반응이 만들어낸 고소한 감칠맛과 단맛이
특징이다. 60도부터 시작해 점차 온도와 시간을 늘려가며
우려낼수록 둥글고 부드러운 달콤함이 겹쳐진다.

3.

3. 일엽편주 항아리 숙성 잭살차 with 연우제다, 일엽편주

안동의 맑은 물과 쌀, 누룩으로 빚은 일엽편주
술 항아리에서 세 계절 동안 숙성한 잭살차. 한국적인 향을
찻잎에 더하는 방법을 고민하다가, 전통주를 숙성하는
항아리를 떠올렸다고. 항아리는 기공이 커 술을 숙성하면
특유의 새콤달콤한 향이 스며드는데, 그 향이 찻잎에도
자연스럽게 배어든다. 잭살차 특유의 청토마토 같은
풋풋함과 군고구마의 달콤함 위로, 일엽편주의 싱그러운
복숭아 요거트 향이 겹쳐지는 이색적인 풍미가 특징이다.

다도는 잘 모르지만

편의점 냉장고 앞에서 시작된 우리의 차 생활.

에디터 차은진   일러스트 심규태
글 김멋지, 송그루, 김지아

라벨 붙은 구원

뇌를 꺼내 지리산 맑은 물에 박박 씻어다 머리통에 넣고 싶었다. 출근과 동시에 퇴근이 간절했다. 전날 마신 술 때문이었다. 간장대하장에 어찌나 소주가 딸려 오는지, '안주가 워낙 좋으니 내일 숙취도 없을…' 리 없었다. 알코올은 판단을 흐렸고, 다음 날 외근이라는 사실을 제꼈다. 사무실이라면 모니터 뒤에 숨어 있기라도 하지, 아침 먹고 일하자는 상사와 백반집에 마주 앉아 멀쩡한 척하려니 죽을 맛이었다. 아… 어리석은 나여!
부대찌개 2인분을 주문하자 식당 사장님이 난로 위 주전자에서 고동빛 물을 따라 주셨다. 직접 끓였단 말을 굳이 보태신 걸 보아 이 집만의 '스페셜 웰컴티'인 모양이었다. 무거운 머리를 들어 호록 마셨다. 결명자차도 아니고 보리차는 더더욱 아니고. 그간 나의 맛 데이터에 한 번도 등록된 적 없는 맛이었다. 사장님께 여쭈었더니 헛개나무를 우린 차라며, 이 나무로 만든 집에서 술을 마시면 취하지도 않는다는 이야기를 곁들이셨다. 마치 OO 전문 식당에 가면 벽면에 크게 적힌 'OO의 효능'처럼 무병장수 명약인 듯한 과장이었지만 상관없었다. 난로 옆에 드러눕고 싶을 만큼 숙취에 얻어터지고 있었으니까. 찌개가 천천히 끓길 바라며 두 잔을 연달아 마셨다.
공깃밥을 비우고 숟가락을 내려놓을 때였다. 머리를 쿵 짓누르던 돌이 솜사탕처럼 붕 뜨더니 서서히 사라졌다. 문득 알아챈 게 아니었다. 실.시.간.으로 해소를 감각했다. 신비했다. 평생 먹어본 숙취 해소 음료 중에 이렇게 효과 빠른 게 있었던가? 이대로라면 퇴근 시간까지 월급 받는 자의 의무를 충분히 해낼 것 같았다. 주전자를 향해 눈인사를 올렸다. '살려주셔서 감사합니다. 백반집 헛개나무 정령님.' 뿌연 김이 주전자 위로 살랑 피어올랐다.
강렬했던 헛개차와의 첫 만남 후, 쉽게 못 볼 줄 알았지만 우린 다시 만났다. 백반집이 아닌 전국 어디에나 있는 편의점에서 말이다. 난로 위가 아닌 냉장고 속에, 주전자가 아닌 페트병에 담겨. 내 구원엔 비닐 라벨이 달려 있었다. 그때부터 어떤 음료가 유혹해도 우직하게 차를 집었다. 바코드를 찍고 편의점에서 나오면 까가각, 플라스틱 뚜껑 여는 소리와 함께 나만의 티타임을 시작한다. 헛개나무 열매가 우러난 고동빛 액체를 눈으로 보고, 구수한 향을 코에 담고, 목마른 몸에 콸콸 들이붓는다. 그러곤 식도를 여느라 참았던 숨을 단번에 뱉는 것이다. 캬하! 또 어리석었던 어제의 나를 구하며.

김멋지

글 쓰고 그림 그리는 작가.
《서른, 결혼 대신 야반도주》,
《우린 잘 살 줄 알았다》를
썼다. 먹고사는 데 진심이라
인스타그램에 밥상과 술상,
그 사이의 일상을 그린다.

성북구 유자차남

송그루

밴드 올드 잉글리쉬 쉽독의 리더,
인스타그램 '송그루의 비마이너'
운영자, 그리고 직장인. 음악과
글을 쓴다. 요즘의 가장 큰 목표는
좋은 2집을 발매해 3집을 내는
뮤지션이 되는 것. 그러기 위해
여러 곳에서 발로 뛰며 일하는
중이다.

오줌 눈 것 같은 노란색 사진 필터와 시답잖은 웹드라마들이
판치던 2018년. 요즘 친구들은 모르겠지만 그땐 페이스북에서
인스타그램으로 넘어오던 과도기 시절이라 '대나무숲'이라는 페이스북
커뮤니티가 있었다. 그땐 사람들이 지금보단 덜 싸우고 더 감정적일
때라 '대나무숲'엔 종종 젊은 날의 연애와 연정을 찬가하는 글이
올라오곤 했다. 대표적인 글이 '고려대 유자차남'이었다.
그러나 난 그때부터 쓸데없이 삶을 진지하게 진심으로 사는 경향이
있어, 그런 글들을 보면 '쯧, 배부른 녀석들.'이라며 혀를 찼다.
휴학을 하고 일주일 중 7일을 일할 정도로 치열하게 살던 시절이었기
때문일까. 나와는 달리 여유를 가진 자들을 보며 분노하던 시절이었다.
그리고 누군가에게 사랑받고 사랑한다는 것은 애초에 내 것이 아니라고
생각했다. 못나고 못생긴 나를 직면하는 것보다 냉소가 더 안락한
도피처였기 때문일 것이다.
그해 가을, 내가 활동하던 밴드 동아리에 A가 가입했다. 이름은 내가
좋아하던 소설가의 아내와 똑같아서 잊히지 않을 이름이었고, 어딘가
병들어 있는 것 같은 옷차림과 말에서 빛이 쏟아져 나오는 사람이었다.
그렇지만 난 예쁜 A를 보며 '어차피 쟤도 금방 나가겠지.'라고
생각했다.
나는 A에게 아무런 관심도 주지 않고, A 또한 내게 관심을 주지
않고, 술자리에서나 몇 마디 나누는 사이였다. 그러던 어느 날, 먼저
술자리에서 일어나 당시 살던 강서구 지하방으로 향하던 차였다.
육교 엘리베이터를 지나는데 A가 나를 따라온 것이다. 집 방향이
맞으면 같이 가자는 것이었다.
우리 학교는 정릉 한복판에 있어 추웠다. A와 추위를 피해 정류장 앞
어떤 건물 아래서 처음으로 대화를 나눴다. 누군가를 찾아 헤맨 적도
없었지만, 그 대화 속에서 A가 내가 찾던 사람이라는 걸 느꼈다. 대화
내내 A는 담배를 피웠다. 당시 비흡연자였지만 따라 피워보고 싶다고
말했다. A는 흔쾌히 담배 한 갑을 사주었고, 난 건넬 게 없어 빨갛게
손이 시린 A에게 편의점 유자차를 하나 사주었다.
그렇게 나는 A를 있는 힘껏 짝사랑했지만, 손을 델 만큼 뜨거웠던
탓일까. 2020년 이후로 A를 만날 수 없게 됐다. 유자차는 뜨겁게
끓일수록 쓴맛이 난다는데, 진심을 다하는 것밖에 모르는 나는 아직도
어떤 게 적당한 사랑인지 모르겠다. 적당한 단맛과 적당한 쓴맛의
편의점 유자차. 다시 돌아간다고 해도 난 그렇게 적당하게 A를
사랑하진 못했을 것 같다.

완벽한 물

김지아

월간 《디자인》 기자. 디자인
못지않게 먹고 마시는 일에
관심이 많다. 차를 우려 마시는
도구와 공간을 좋아한다.

보리차, 결명자차, 옥수수차…. 어린 시절 나는 물 대신 차를 마셨다.
커다란 주전자나 냄비에 차를 한소끔씩 끓이던 할머니 덕분이다.
냉장고를 열면 생수 대신 차를 채운 물병이 가득했다. "물 마셔라."
하고 건네받은 잔에는 늘 구수한 차가 담겨 있었다. 그 시절 나에게
물은 맑고 투명한 것이 아니라 갈색빛을 띠는 무언가였다. 할머니의
물이 일개 차가 아니었다는 걸 알게 된 건 편의점 음료를 사 마시는
나이가 되면서부터다. 할머니와 손잡고 간 슈퍼나 마트에서 물맛이
나는 페트병 음료를 사는 건 어쩐지 금기에 가까웠으니 꽤 오랜
시간이 지난 후의 일이었다. 휘황찬란한 음료 코너에서 갈증을 축이기
위해 할머니의 물을 닮은 옥수수염차를 집어 들었다. 이름도 색도
비슷했는데 그 맛이 안 났다. 구수함은 덜했고 어딘지 모자란 맛이었다.
할머니도 분명 같은 차를 끓였는데.
오기가 생겨 편의점에서 파는 비슷한 차 음료를 섭렵하기 시작했다.
하늘보리도 마셔보고 결명자차도 마셔봤다. 이름과 패키지를 달리해
출시하는 음료를 여럿 따보다 이내 포기했다. 할머니가 끓여준 차는
특정 제품으로 대체할 수 있는 것이 아니었다. 나중에야 안 사실은
할머니가 여러 종류의 곡물과 콩을 섞어 차를 우려냈다는 것이다.
배합은 할머니 손의 크기와 그날그날의 기분에 달려 있었을 테니
애초에 모방할 수도 없었다. 비슷한 차를 끓여보려고 할머니에게
레시피를 물어 몇 번 시도하기도 했지만 어떤 날은 쓴맛이 나고, 어떤
날은 텅 빈 맛이 났다.
할머니와 떨어져 살기 시작한 때부터 나는 생수를 마셨다. 정수기에서
나오는 맑고 투명한 물은 한없이 가벼웠다. 집 안을 가득 채우던 주전자
증기도, 구수한 향도 없었다. 할머니의 물맛을 기억하는 한 비슷한
차 음료들은 내게 아류에 가깝지만, 투명한 생수 맛이 지독히도 싫은
날은 편의점에 있는 옥수수염차를 마신다. 특별히 미각이 뛰어나
맛이나 향을 분별할 능력이 있는 것은 아니지만 보리차보다는 묵직하고
결명자차보다는 산뜻하다. 어쩌면 최초의 실망을 안겨준 차이기에
더욱 특별한 것인지도 모른다. 그렇게 미운 정이 든 옥수수염차를
아무렇게나 들고 강의실 사이를 가로지르고, 한강을 걷고, 피크닉 매트
위에 누워 있고는 했다. 곡물차가 아닌 다른 차를 우려 마시면서 편의점
차 음료를 찾는 빈도는 줄었지만 가끔 참을 수 없는 갈증이 밀려올 땐
여전히 물 대신 옥수수염차를 마신다.

이시이 카츠히토 〈녹차의 맛〉(2004)

MOVIE

작은 잔을 쥐는 기분

알 것만 같아도 여전히 모르는, 그 쌉싸름한 인생의 맛.

글 차의진

이토록 오묘한 것

사치코의 가족은 일본의 시골 마을에 산다. 이들이 툇마루에 나란히 앉아
녹차를 홀짝이는 건, 가족 전체의 취미도 특별히 마련한 쉼의 시간도 아니다.
그저 매일 밥을 먹고 이를 닦는 것처럼, 녹차는 가족의 일상을 이루는 작은
조각이다.
어느 오후, 툇마루에 앉아 있는 막내 사치코의 손에 잔이 없다. 엄마가
따라준 녹차를 마시는 것도 잊어버릴 만큼 커다란 걱정이 생겼기 때문이다.
얼마 전부터 거대한 사치코의 환영이 가까이에서 자신을 뚫어져라 쳐다본다.
학교에서 수업을 들을 때도, 방에 앉아 있을 때도 커다란 자신이 아이를
따라다닌다. 이 일을 대체 어떻게 해결할 수 있을지 괴로운 사치코.
차 안 마실 거냐는 엄마의 말에 부엌으로 향하는 얼굴에는 근심이 가득하다.
며칠 뒤 사치코는 철봉 연습을 시작한다. 피 흘리는 남자의 환영이 삼촌을
따라다녔을 때, 삼촌이 철봉 돌기에 성공한 이후로 환영이 사라졌다는
이야기를 들었기 때문이다. 버려진 놀이터에서 손에 굳은살이 박힐 정도로
연습하지만, 성공하긴 쉽지 않다. 가족들이 모두 잠든 이른 새벽부터
놀이터로 향해도 철봉에서 자꾸 떨어질 뿐이다. 누구에게 설명하기도
어렵고, 자신만 이해할 수 있는 사건을 마주한 사치코. 매일 마시는 녹차의
맛처럼 씁쓸하고 오묘할 뿐이다.

다시 머금어보기

쌉싸름한 인생의 맛은 사춘기를 지나는 오빠 하지메에게도 찾아온다.
말 한 번 못 걸어본 짝사랑 상대가 전학을 가버린 것이다. 그동안 왜 용기를
내지 못했냐며 자책하는 하지메. 짝사랑이 타고 간 기차가 그의 이마를
통과해 지나가고, 그 자리에는 텅 빈 구멍만 남았다. 긴 시간 우린 차에서
떫은맛이 나듯, 오랫동안 조용히 품고 있던 감정은 하지메에게 쓴맛을
안겨주었다.

이후 벌어진 일련의 사건들로 하지메는 더 이상 누군가를 좋아하지 않기로
마음을 굳혔다. 하지만 사랑은 예상치 못한 순간 찾아오는 법. 새로 온
전학생에게 첫눈에 반하고, 그날부터 하지메에게는 알 수 없는 열정과
활기가 돈다. 결국 전학생이 가입한 바둑 동아리에 들어가 그녀에게 조금씩
다가가는 소년. 좋아하던 친구와 가까워지자 우산 없이 빗속을 달려도
히죽히죽 웃음만 나온다. 며칠 전까지 시무룩하던 하지메는 어디 가고,
뱃속에 커다란 풍선이 둥실둥실 떠다니는 것처럼 날아갈 것만 같다.

떫은 물을 흘려보내고 새롭게 녹차를 우리면, 어린 찻잎의 싱그러움이
다시 찾아온다. 차 맛을 하나로 규정할 수 없는 이유다. 그 다양한 면모를
흥미로워하며 우리는 또다시 찻잔을 기울인다. 차를 마시듯 삶을 대할 수
있다면 어떤 시간이든 조용히 머금을 수 있으리라 생각해 본다. 마냥
어렵지도, 늘 찬란하지만도 않은 이 한 잔의 생을 앞에 두고, 대체 너는
정체가 무엇이냐 가만히 물어보면서.

ⓒ 〈녹차의 맛〉(2004)

두 손에 남는 따스함

사치코와 하지메의 할아버지 아키라는 누가 봐도 별나다. 과장된 쿵후 동작으로 가족들을 웃게 만들거나, 아들이 짝사랑에 좌절해 작곡한 노래의 가수가 되어 주기도 한다. 거대한 환영으로 괴로워하는 사치코를 쳐다보다, 사치코가 고개를 돌리면 몸을 숨기는 장난은 그의 일상이다. 아키라의 특이한 행동은 영화 내내 계속된다. 철봉 연습을 하는 사치코를 따라가 몰래 지켜보기도 하고, 며느리 앞에 서서 방금 걸어온 길을 다시 걸어보라는 요청도 한다. 가족들은 그런 아키라를 익숙하다는 듯 바라본다.

얼마 후 조용히 세상을 떠난 아키라. 할아버지의 방에서 가족들은 각자의 이름이 적힌 스케치북을 발견한다. 철봉 연습에 성공한 사치코부터, 밝은 미소로 길을 걷는 며느리의 모습까지 아키라가 직접 그린 것이다. 가족들의 가장 행복한 순간이 담긴 페이지를 넘겨보며, 남은 이들은 작별 전 아키라가 보여주던 행동의 의미를 이해한다.

며칠 뒤 사치코는 다시 철봉을 잡는다. 그토록 성공하기 어렵던 철봉 돌기에 성공한 순간, 거대한 사치코의 환영은 마침내 사라진다. 사치코를 비롯해 가족들이 크고 작게 품고 있던 고민들도 해결되고, 모두가 석양을 바라보는 장면을 끝으로 영화는 막을 내린다. 엉뚱하고 사랑스러운 이 가족을 보며 삶이란 따뜻한 작은 잔을 쥐는 것이라 생각했다. 어떤 맛인지 잘 알 수는 없어도, 그 온기를 가만히 느껴보는 것. 녹차를 즐겨 마시는 이 가족에게 시선을 돌려, 내 손에 들린 잔을 바라본다.

목요일, 경칩, 서귀포 그리고

이 글에서 매화 향기가 난다면 좋겠다.

글·사진 정다운

꽃이 피었다는 연락

"이번 주 목요일에 날씨 좋으면 매화 차회 할래?"
"좋지!"
목요일은 개구리와 벌레 등 크고 작은 생명들이
겨울잠에서 깨어난다는 경칩이다. 따뜻한 남쪽 섬 제주
곳곳에 매화가 피기 시작했고, 이러다 매화가 훌쩍 지기
전에 서귀포의 한 공원에 가서 야외 차회를 하기로 했다.
하지만 막상 목요일이 되니 고민이 된다. 마감이 임박한
글과 쌓여 있는 일을 두고 지금 한가하게 차를 마시러
갈 때인가? 고민하다 자리에서 박차고 일어나 자동차
시동을 걸었다. 어떤 글은 바깥공기를 맡아야 완성되기도
한다, 고 내가 나를 설득했고, 설득당했다. 언제나 나를
꼬시는 게 제일 쉽지. 한 시간을 달려 공원에 도착했다.
와, 저기 매화! 아직은 겨울 냄새가 더 진한 황량한 공원
안쪽에 매화나무 군락이 있다. 화사하게 만개한 하얀
매화가 눈에 들어오자 곧 코로도 향이 들이닥친다.
매화에서 이런 향이 나는구나. 처음 맡아보는 것처럼
반가워하며 꽃에 코를 박고 킁킁거렸다. 역시 오길
잘했다. 글과 글 사이 매화 향을 맡고 왔으니 글에서
은은한 매화 향이 나면 좋겠네.
나무 아래 돗자리를 펴고 앉아 친구가 준비해 온 홍차와
우롱차, 백차를 차례대로 마셨다. 조금 쌀쌀했지만, 차를
마시니 속이 금방 따뜻해졌고, 더불어 햇살도 부드럽게
등을 데워주니 더할 나위 없이 좋았다. 이내 껴입고
간 겉옷을 벗었다. 간간이 불어오는 바람은 그때마다
살랑 매화 꽃잎을 날려 주어 오히려 좋다. 찻자리 위로
이리저리 날린 꽃잎을 굳이 손으로 쓸어내지 않고
그냥 두었고, 꽃잎 하나가 찻잔에 들어가기라도 하면
반가워 사진을 찍었다. 머리에 꽃잎이 떨어졌다며 서로
바라보며 웃기도 했다. 그 역시 굳이 털어내지 않았다.
두 시간 남짓 차를 마시는 동안 선생님 손잡고 나들이
온 어린이집 꼬마들을 만났고, 산책 나온 강아지를 열
마리도 넘게 봤다. 봄인가?
앙상한 나무들 사이, 작은 꽃이라도 만나면 '봄인가?'
하는 마음이 급하게 들곤 한다. 겨울 지겨워. 봄이었으면.
꽃 하나에 희망을 갖는다. 하지만 아직 봄이라고 하기엔
이르다. 끝나지 않을 것 같은 겨울과 오지 않을 것 같은
봄 사이, 지독한 3월 환절기에 매화는 봄을 예고하듯
가장 먼저 핀다. 그래서 아주 오래전부터 사람들은
매화를 그리고, 매화에 대해 썼던 걸까. 끝나지 않을 것
같은 나의 겨울을 버티다 보면 꽃이 필 거라는 걸 매화가
말해주니까. 아직은 패딩을 벗지 못하는 계절 한라산을
넘어 매화꽃 향기 속에 앉아 있다가 온 일이 아무래도

비현실적이라 주절주절 겨울과 매화와 봄에 대해 쓰게
된다. 우리나라에서 가장 따뜻한 서귀포. 서귀포에는
봄이 성큼 와 있다고. 목요일, 경칩, 서귀포… 그곳으로
봄을 마중 나가 차를 마셨다고.
봄을 가장 먼저 만나는 섬에 사는 건 꽤 멋진 일인지도
모르겠다. 하지만 봄은 어김없이 북쪽 방향을 향해
이동하고, 매화는 봄이 시작되려는 곳 어디에나 있겠지.
파주, 분당, 수원, 양평, 서울…의 다정한 이들이 매화
향기를 놓치지 않았으면.

낭만의 조건

친구는 이렇게 종종 연락을 한다. 친구를 처음 알게 된
후부터 지금까지 몇 년간, 벚꽃이 한창인 4월이면 벚나무
군락지인 골체오름에서 벚꽃 차회를 하고, 5월 귤꽃이
피면 무농약 농사를 짓는 귤밭에 가서 귤꽃 차회를 하고,
초여름이면 선흘리 습지에 가서 연꽃 차회를 했다.
보름달이 뜨는 추석에는 테라스에서 달빛 차회를 한다.
아니, 신선들의 이야기 아니고 진짜 경험한 일이냐고?
네. 진짜로, 우리는 계절마다 계절과 가장 가까운 곳으로
가서 차를 마십니다. 어려운 일이 아니다. 아니 몹시
어려운 일이다.
"와, 이 차는 차실보다 오히려 밖에서 먹으니까 더 좋네."
"차는 바깥에서 마시는 게 항상 맛이 좋아. 좋은
장소에서."
차를 가장 맛있게 마시기 위해, 친구는 귀찮아하지도
않고 끓인 물과 다기, 찻상과 돗자리 등을 어디든
들고 간다. 친구의 수고로움 덕분에, 제주에 살면서도
바깥나들이를 잘 하지 않는 나도 계절을 좀 더
가까이에서 능동적으로 만나고 있다. 친구 덕에 삶에
낭만이 더해졌다. 낭만이라니. 그리고 알게 되었다.
낭만은 나에게 잘해주는 일이고, 나에게 잘해주는 일에는
수고로움이 동반된다. 그러니 실은 부지런한 자만이
낭만을 누릴 수 있지. 혹은 친구 잘 만난 사람이거나.
다산 정약용의 문예 모임 '죽란시사' 규약이 떠오른다.
"살구꽃이 피면 한 번 모이고, 복숭아꽃이 처음 피면
한 번 모이고, 한여름에 참외가 익으면 한 번 모이고,
초가을 날씨가 서늘할 때 서쪽 연못에서 연꽃 구경을
위해 한 번 모이고, 국화가 피면 한 번 모이고, 겨울철
큰 눈이 내리면 한 번 모이고, 세모에 화분의 매화가 피면
한 번 모이는데, 모일 때마다 술과 안주, 붓과 벼루 등을
준비하여 술을 마시며 시를 읊는 데 불편이 없도록 한다."

친구와 함께하는 찻자리가 이와 크게 다르지 않다.
정약용이 부럽지 않다.
언제나 생각해 왔다. 제철 음식을 가까운 이들과 나누며
살 수 있다면 그것이 성공한 인생이라고. 내가 동네에
맛있는 빵집이 생기면 갓 나온 빵을 사 들고 친구에게
가는 것처럼, 친구는 꽃이 피면 그 꽃과 어울리는 제철
차를 꺼내 들고 연락을 하는 거겠지. 찻자리는 다정한
마음이기도 하네.

새로운 언어

친구는 중국인이다. 친구를 처음 만난 건, 제주 중산간
어느 요가원에서였다. 여의도 증권가에서 일을 하다
최근 그만뒀다는 친구는 쉬면서 요가를 하고 싶어
제주에 '한달살이'를 왔다고 했다. 내가 다니던 요가원은
한 동작을 오래오래 하는 편이었다. 가령 '부장가'라는
아사나를 30분씩 했다. 놀랍게도 30분 동안 회원들
모두 부동으로 버텼다! 고요한 공기 속에서 오로지 나와
친구만 팔을 내리고 동작을 멈추곤 했다. 그래서 친구랑
자꾸 눈이 마주쳤다. 나는 버티고 버티다 어쩔 수 없이
내려온 거고, 친구는 무리하지 않고자 스스로 내려온
거라 사정은 조금 달랐지만, 어쩐지 동질감이 느껴졌다.
하타 요가는 수련이 끝나면, 두런두런 모여 앉아
보이숙차를 나눠 마시곤 한다. 친구는 그때마다 먼저
자리를 떴다. 그때만 해도 나는 보이차가 중국 차인지
몰랐다. 아니, 마시던 차가 보이차인 줄도 몰랐던 것
같다. 어느 날, 친구가 집에 초대해 차를 내려주었다.
'이게 보이숙차고 이게 보이생차야.' 친구는 생전 처음
보는 아름다운 다기로 차를 내려 주었다. 그때부터 틈만
나면 같이 차를 마셨다. 제주에 좀 더 머물기로
한 친구는 '일년살이' 집을 구했고, 집 한편에 작은
차실을 차렸다. 중국차를 사람들과 제대로 나누고 싶은
것 같았다. 그 마음이 어떤 마음인지 알 듯했다. 나는
덕분에 자연스럽게 차와 가까워졌다.
요가 하다 만난 우리는 이제 요가는 하다 말다
하지만, 벌써 6년이 넘도록 차는 같이 마신다. 친구는
'일년살이'가 끝난 후, 집을 짓고, 현재 제주 선흘리에서
차실을 운영 중이다. 그러는 동안 나는 친구와 함께
찻잎을 따러 윈난성에 다녀왔고, 백차와 홍차, 녹차,
우롱차, 황차, 보이차 등등을 맛과 향과 잎으로 구분할
수 있게 되었다. 커피보다는 차로 하루를 시작하는 일이
많아졌다. 나에게 새로운 언어가 생겼다.

차를 가운데 두고

최근 친구와 같이 유튜브를 시작했다! 친구는
차에 대한 이야기를 좀 더 많은 사람들과 나누고 싶다며,
차 콘텐츠를 같이 만들자고 했다. 하지만 아직 영상
촬영도 편집도 경험이 미천해 자신이 없다. 내가
머뭇거리자 친구는, 영상을 잘 만드는 사람보다 차를
잘 아는 사람과 함께 일하고 싶다고 말했다. 그래,
그러자. 차와 천천히 친해진 것처럼, 하다 보면 영상과도
친해지겠지.
채널을 만들었다. 재생 목록은 두 개다. 하나는 '절기
찻자리.' 절기마다 어울리는 차와 다기를 가지고 차를
마신다. 그것뿐이다. 타닥타닥 숯불 피우는 소리,
사락사락 찻잎 더는 소리, 보글보글 둘 끓는 소리, 꼴깍
차 마시는 소리만 들린다. 동지부터 시작한 찻자리가
절기마다 차곡차곡 쌓이고 있다. 고요한 찻자리를 바로
곁에서 숨죽여 지켜보면서 차에 대해 조금 더 알아가고
있다. 찻자리에서 나는 향기, 찻자리가 내는 소리… 그런
것들이 내 안에 쌓여간다. 언어를 체화하는 시간이다.
다른 하나는 '100명의 한국인 친구와 찻자리.' 차를
가운데 두고 다양한 이야기를 나누는 대화 콘텐츠다.
지금까지 두 명의 한국인 친구를 만났다. 첫 번째 친구는
요가와 차에 대한 이야기를 들려주었고, 두 번째 친구는
세계를 여행하며 만난 차 문화에 대해 이야기했다. 아직
아흔여덟 명이 남았다.
내 오랜 작은 꿈은 다큐멘터리 감독이 되는 것이다.
간절함이 없는 흐릿하고 막연한 꿈이지만, 그 꿈을 꾼
지는 꽤 오래되었다. 잠시 간절했던 시절 캠코더를 하나
사두기도 했다. 하지만 그것뿐이고 아직 다큐멘터리를
찍은 적은 없다. 다큐멘터리는 아니지만 유튜브 영상을
찍고 편집하며 어쩌면 꿈에 가까워지고 있는 것 같다는
생각을 종종 한다. 내가 영상 편집을 하게 될 줄이야!
이건 어쩌면 나에게 겨울 견디고 핀 매화 같은 게 아닐까.
그 사람을 알게 되기 전으로 결코 돌아갈 수 없는 만남이
있다. 친구 덕분에 중국에 대해 가지고 있는 모든 편견이
깨졌고, 차를 만났으며, 영상 콘텐츠를 제작하게 되었다.
차가 나를 영상으로 데리고 올 줄은 상상도 못 했으니,
이 영상은 나를 또 어디로 데려다줄지 지금은 누구도
알 수 없다. 그 끝에 매화가, 벚꽃이, 백일홍이, 연꽃이
있었으면 좋겠다. 뭐, 매화로도 충분하지만.

야미한 일상의 새 메뉴

나는 차를 마시는 사람들이 약간 이상하다고 생각했다.
맹장이 개입하기 전까지는.

글·사진 김건태

인스타그램에 '야미(Yummy)' 계정을 만들었다. 외식 음식을 기록하는 용도다. 야미
계정에 올린 게시물이 본계정보다 많아질 때쯤, AI로 나의 생활 패턴을 분석했다.

"한식·해산물·육류를 기반으로 동남아 및 중화권 메뉴까지 폭넓게 탐색하는 '맛집
아카이버형 사용자'. 안주형 메뉴 선택 비중이 높고 감칠맛과 자극적인 풍미를
선호하는 경향. 염분 및 기름 섭취량이 상대적으로 높아질 가능성이 있다."

한마디로 '너는 술자리를 많이 갖는 편이고, 조만간 고혈압이나 동맥경화, 뭐 그런
이슈로 고생할 게 눈에 선하다.'라는 의미였다. 공교롭게도 나는 두쫀쿠나 스초생 같은
디저트에 관심이 없고(카페 아웃), 롤이나 배그 같은 경쟁 게임을 무서워하며(PC방 아웃),
경도 모임에 나가기엔 관절이 낡았다(운동 아웃). 그렇기 때문에 나랑 비슷한 중년 싱글
남성 친구들을 만나 향하는 곳은 결국 술집으로 귀결되곤 했다.
한 달의 절반은 술자리. 나머지 절반은 숙취로 보내는 삶. 정상이 아니라는 건 알지만,
이미 돌이킬 수 없는 루틴이 돼버렸다. "맨날 똑같은 친구들 만나서 뭔 얘길 그렇게
해?" 언젠가 술을 즐기지 않는 친구가 그렇게 물었다. 글쎄… 내가 뭔 얘길 그렇게
했더라? 염분과 기름 범벅인 안주 시켜 놓고 어제 숙취로 죽다 살아났다는 얘길 하고,
회사 욕에, 친구 욕에, 전쟁광 트럼프 욕에, 외국 축구팀의 선수 기용 패턴까지 욕하고
나면 하루의 스트레스가 날아가는 기분이랄까. "숙취로 죽는 사람보다 스트레스로
죽는 사람이 더 많을 거야." 그런 핑계를 대며 스스로를 정당화하는 것이다.

그러던 어느 점심, 체기와 배앓이가 동시에 느껴졌다. '이번 숙취는 좀 유별나네.' 생각하며 대수롭지 않게 넘기려는데 상태가 점점 심각해졌다. 얼굴이 하얗게 질리고 식은땀이 났다. 배 한쪽이 유난히 아파 검색해 보니, 충수염(맹장염)이 의심됐다. 서둘러 병원으로 기어가 검사를 했다. 역시나 맹장이었다. 의사는 수술을 위해선 공복 상태가 돼야 한다며, 즉시 입원을 명령했다.

몇 년 사이 이런저런 사고로 종종 수술대에 올랐던 터라 긴장은 되지 않았다. '이 병원의 수술방은 이런 음악을 트는구나, 멜로디가 경쾌한 걸 보니 수술이 신명이 나…겠…어….' 그렇게 깊은 잠에 빠졌다 일어나니 병실이었다. 마취가 풀리는 고통에 막 꿰맨 배를 움켜잡고 울부짖었다. 그때 울린 친구의 카톡 메시지. "족발, 소주, 콜?" 앞뒤 재지 않고 용건만 얘기하는 게 딱 내 친구다웠다. 나는 병실 사진을 보내며 짧게 답했다. "맹장 이슈로 오늘은 무리." 그러자 친구가 답했다. "그럼 다음 주 콜?" 정신 나간 자식 같으니. 요즘 시대의 맹장 수술은 큰 일도 아니라지만, 배에 구멍을 세 개나 뚫었다고! 하지만 내 손가락은 이미 답장을 보내고 있었다. "퇴원하고 족소 콜."

수술 이후 몇 번의 통원을 했다. 소독하고, 실밥 뽑고, 다시 소독을 하러 병원에 방문할 때마다 내 질문은 한결같았다. "선생님, 이제 술을 먹어도 되나요?" 의사 선생님은 한숨을 쉬었다. "장이 안정화되려면 3주는 걸려요. 술은 절대 안 됩니다.", "하지만 연초라 술자리가 많은걸요. 그럼 저는 어떻게 해야 하나요?" 내 질문에 그는 황당한 표정을 지었다. "정 못 참겠으면 차를 드세요." 나는 '차'라는 단어를 처음 듣는 사람처럼 눈을 껌뻑일 뿐이었다.

술 얘기를 하는데 차를 대답하는 그는 어떤 사고 회로를 가진 사람일까? 집으로
돌아가는 내내 머릿속에 온통 물음표가 그려졌다. 문득 차라는 게 뭔지 궁금해졌다.
검색창을 채우는 건 낯선 단어들뿐이었다. 산지에 따라 이름이 바뀌고, 물의 온도
1도에 맛이 갈라지는 예민한 세계. 다기를 갖추고 물의 성분까지 따지는 사람들의
글을 보며 창을 닫았다. 혹시 차에는 내가 모르는 어떤 환각 성분이 있는 걸까?
다시 검색창을 열었다. "초보자가 마시기 괜찮은 차 추천." 자동완성에 보리차가 떴다.
마트에 들러 차를 파는 매대에 섰다. 선택지가 많아서 잠깐 굳었는데, 그냥 제일 앞에
있는 걸 집었다. 집에 돌아와 뜯어 보니 식수용 대용량 티백이었다. 하는 수 없이
수납장 안쪽에 묵혀 있던 대형 주전자를 꺼냈다. 물이 끓기를 기다리는 동안 딱히
할 게 없어서 식탁에 앉았다. 조용한 거실, 햇살에 떠다니는 작은 먼지를 셌다.
술자리였다면 벌써 취기가 올라 개다리춤을 췄을 시간이었다. 왠지 초조한 마음이
들었다. 차를 좋아하는 사람들은 모두 수행자일까? 그런 생각을 하며 손톱을
물어뜯었다. 더 이상 물어뜯을 손톱이 없어 양말까지 벗으려는 찰나, 삐– 하고
주전자 신호음이 들렸다.
주전자 불을 끄고, 대용량 티백을 넣고, 골고루 우러날 때까지 또 기다렸다. 진하게
우러난 보리차를 옮겨 담고 호로록 마시는데, 너무 뜨거워서 앞니가 녹는 느낌이
들었다. 차가 식을 때까지 또 시작된 기다림. 차를 준비하고 30분이 지나서야
첫 모금을 삼켰다. 아아… 역시나 보리차는 특별한 맛이 없었다. 정확히는 맛이
없다고 할 수도 없는, 지극히 익숙하고 수수한 맛이었다. 그저 따뜻한 액체가 목을
타고 내려가 식도를 매만질 뿐이었다. 일본 영화에 나오는 시골 할머니처럼 경건하게
무릎을 꿇었다. 찻잔을 두 손으로 감싸 쥐고 호호 불어 다시 한 모금. 그러자 전보다
조금 더 구수한 향이 올라오는 느낌이었다. 역시 모든 건 자세의 문제다.

수많은 유혹을 뿌리치고 나는 의사 선생님이 말한 3주를 지켰다. 술을 끊고 차를
마시자 몸의 변화가 생겼다. 아침이 편안해졌고, 샤워할 때 머리가 조금 덜 빠졌다.
술값을 아끼는 건 덤이었다. 얼굴이 보리 색깔로 변한 것도 같지만 그건 기분 탓일
것이다.
3주간의 금주 끝에 친구를 만났다. 오랜만에 마주한 영롱한 녹색 병. 상추와 깻잎 카펫
위에 야들야들한 족발 한 점 새우젓 찍어 고이 올리고, 알싸한 편마늘과 아삭한 고추를
쌈장에 푸욱 찍어 데코 한 후, 와앙&우걱우걱, 그리고 소주 한 잔. 머릿속에서 불꽃이
터졌다. 그런데 뭔가 살짝 아쉬웠다. 내가 기억하는 소주의 맛이 아니었다. 공업용
알코올 향이 입안에서 날뛰는 느낌이랄까. 나는 가만히 잔을 내려다봤다. 어쩐지 몸에게
죄를 짓는 듯한 기분은 왜일까? 종업원 선생님을 불렀다. "선생님, 혹시 그거 있나요?
그 일본 아저씨가 먹는 거요.", "네?", "그, 뭐였더라. 〈고독한 미식가〉 고로 상이
자주 먹는 차 있는데." 다행히 종업원 선생님은 눈치가 빠른 사람이었고, 그는 잠시 후
우롱하이를 내어왔다. 친구는 족발에 하이볼이 웬 말이냐며 역정을 냈다. "하이볼이
아니고 우롱차야. 술이 아니고 차라고."
친구는 픽 웃더니 소주잔을 들었다. 술자리는 소란스럽고, 나는 여전히 야미 계정에
올릴 만한 자극적인 안주를 좋아한다. 3주간의 수행 후에도 딱히 달라진 건 없다.
다만 예전에는 술기운이 오르지 않는 빈 시간을 견디지 못해 깡소주를 들이켰다면,
이제는 주전자의 물이 끓기를 기다리던 그 지루한 30분을 떠올릴 줄 알게 됐다.
그리고 술자리 옵션에 주문할 수 있는 메뉴 하나가 추가됐다. 그게 비록 차의 탈을 쓴
술일지라도.

아무래도 콜라는

글 배순탁—음악평론가·〈배철수의 음악캠프〉작가

01. 'Tea for Two'
— Oscar Peterson Trio

02.

'Englishman In New York'
— Sting

03. 'Java Jive'
— The Manhattan Transfer

차를 즐겨 마시진 않는다. 커피 정도면 충분하기 때문이다.

차Tea든 차Car든 차에 대해서 잘 알지 못한다. 지금 떠오르는 추억이라고는 일본 교토의 어느 오래된 카페에서 마셨던 녹차와 장롱 속에 처박힌 운전면허에 대한 기억뿐이다. 대체 차가 무엇인지 사전을 한번 찾아봤다. "차나무의 어린잎을 달이거나 우린 물"이라고 되어 있다. 자연스럽게 의미가 확장되어 다른 풀잎이나 식물성 재료를 사용한 물도 차라고 부르게 되었다고 한다.

어린 시절부터 시력이 좋지 않았다. 내 눈 상태가 평균 이하라는 걸 국민학교 2학년 때 깨달았다. 당시는 국민학교였기 때문에 국민학교라고 쓴다. 그래서 결명자차를 엄청나게 마셨다. 자발적 선택은 아니었다. 엄마의 단호한 의지였다. 실게로 결명자차는 눈을 밝게 하는 데 효험이 있다고 적혀 있다. 나는 아니었다. "우리 아들이 안경 쓰면서 얼굴 버렸어." 2년 전 안경점에서 다초점 렌즈를 맞췄다. 렌즈 값만 80만 원 나왔다. 나는 더 이상 결명자차를 마시지 않는다. 대신 콜라를 마신다. 독자 여러분께 미안하다. 내가 주기적으로 섭취하는 음료는 딱 두 가지뿐이라 어쩔 수가 없다. 커피와 콜라다. 그렇다. 카페인 중독이다.

다음 같은 이야기를 어디선가 들어봤을 것이다. 블라인드 테스트하면 콜라든 사이다(스프라이트)든 탄산음료의 종류를 맞출 수가 없다는 주장이 도시 전설처럼 퍼져 있다. 거짓이다. 내가 살아 있는 증거다. 10년도 더 전에 라디오 방송에 출연해 내가 직접 블라인드 테스트를 했다. 콜라와 사이다를 종류별로 다섯 개 놓고 맞혀야 했다. 하나도 틀리지 않고 다 맞혔다. 보이지도 않는 라디오에서 대체 이걸 왜 했는지 기억나지 않지만 어쨌든 탄산음료에 관한 한 나는 만점 소비자다.

그럼에도 가끔씩 이런 상상을 한다. 나는 지금 고요하기 이를 데 없는 방에 홀로 앉아 있다. 어릴 때 축구 하다가 무릎을 다쳐서 양반다리를 못 하긴 하지만 가부좌를 근사하게 틀고 있는 나 자신을 그려본다. 눈앞에는 바라만 봐도 마음이 평온해질 듯한 조경이 펼쳐져 있다. 그렇다면 아무래도 콜라는 아니다. 아무리 취향에 맞지 않는다고 해도 차를 앞에 두고 있어야 할 것만 같은 기분이 강하게 든다. 과연, 다도茶道라는 표현은 있어도 콜(라)도, 커(피)도, 사(이다)도, 스(프라이트)도는 없는 이유가 다 있다. 참고로 다도는 일본에서 쓰는 용어다. 한국에서는 다례茶禮라고 칭한다.

결론이다. 내가 가끔 찾아서 마시는 차는 기껏해야 녹차 정도다. 한데 녹차도 커피와 마찬가지로 시원한 쪽을 압도적으로 선호한다. 물론 나도 안다. 커피든 녹차든 따뜻하거나 뜨거운 쪽을 '찐'으로 여기는 경향이 있다는 걸 모르지 않는다. 나 역시 따뜻한 차를 찾지 않는 것은 아니다. 비가 올 때나 날이 좀 추울 때 따뜻한 차 한잔이 주는 평화를 여러분도 잘 알고 있을 것이다. 때로는 작은 것만으로도 내 삶이 잠깐이나마 충만해지는 순간이 오곤 한다. 차를 마시는 순간이 그럴 것이다. 내가 콜라를 하루에 작은 캔으로 두 개씩 마시지만 콜라를 갖고서는 결단코 그럴 수 없다.

'Tea for Two'
Oscar Peterson Trio

차 하면 일착으로 떠오르는 곡이다. 원곡은 1924년에 작곡된
재즈 고전으로 수많은 뮤지션이 커버하면서 걸작의 반열에
올랐다. 노래 제목은 그대로 해석하면 된다. "차 두 잔
주세요." 다른 설도 있다. 18세기 영국에서 차 한 주전자
가격이 3펜스였는데 더 많이 팔기 위해 2펜스로 낮춘 데서
비롯되었다는 것이다. 솔직히 정설이 무엇이든 상관없다.
오스카 피터슨 트리오의 이 커버가 위대하다는 점에는 아무런
영향을 미치지 못한다.

'Englishman In New York'
Sting

일주일에 두 번씩 영어 회화를 한다. 선생님은 영국 대학생이다.
매주 주제를 정해서 20분씩 이야기하는데 어느 날 일부러
주제를 차로 골랐다. 더 깊은 대화를 할 수 있지 않을까
싶어서였다. 예상대로였다. 영국인답게 차를 좋아한다는
선생님은 갑자기 흥분해서 이야기를 쏟아내기 시작했다.
질 수 없었다. 나는 음악 카드를 스윽 꺼냈다. 바로 이 곡이다.
가사는 이렇다. "커피는 안 마셔, 차를 마시지. 난 뉴욕에 사는
'영국인'이니까." 선생님 역시 이 곡을 정말 좋아한다고 말했다.
이 맛에 영어 회화 공부 계속하는 거지 싶은 날이었다.

'Java Jive'
The Manhattan Transfer

제목은 몰라도 어디선가 이 곡을 들어봤을 거라고 장담할 수
있다. 그만큼 유명한 음악이다. 원곡은 잉크 스팟츠The Ink
Spots. 1940년에 이 노래를 발표했지만 맨해튼 트랜스퍼의
커버 버전이 널리 알려졌다. 곡 제목인 자바 자이브는 '커피와
차를 마실 때 느낄 수 있는 분위기'라고 해석하면 딱 맞는다.
가사에서도 그들은 "커피도 좋고 차도 좋아(I Love Coffee I Love
Tea.)"라고 노래한다. 맨해튼 트랜스퍼는 이 곡을 몇몇 다른
버전으로 발표했다. 그중 1997년에 발표한 앨범 [Swing]에
실린 버전이 나에게는 최고다.

[Oscar Peterson Plays Vincent Youmans] (1954)

[Englishman In New York] (1988)

[Swing] (1997)

설탕을 넣은 차

오래 기억하고 싶은 낯선 산책 이야기.

글·사진 **전진우**

2018년 가을에 D와 나는 베를린의 한 공동묘지에서 산책을 한 적 있다. D는 그곳의 유학생,
나는 다니던 가구 회사에 늦은 여름휴가를 내고 베를린을 여행하는 중이었다. 묘지 산책을
제안한 건 D였는데, 아마 혼자서도 종종 찾아가는 모양이었다. 산책하기에 낯선 장소가
아닌가 하는 생각과 한편으로는 그만한 산책로도 없겠다는 생각을 동시에 하며 약속 장소로
나갔다.

가을이 깊어 발밑에는 낙엽이 푹신했다. 묘비의 숫자들을 흘깃거리며 우리는 살아 있음을
약간 미안해하며 걸었다. 30분쯤 말없이 걷고 공동묘지 입구 옆에 있는 작은 카페로
들어갔다. 카페에서 카드를 받지 않아서 둘이 가진 동전을 모두 합쳐 차 두 잔을 마셨다.
설탕을 한 스푼 넣었더니 가볍지만 몸을 깨우는 맛이 났다. 우리가 앉는 걸 봤는지 새들이
주변으로 날아왔다. 무얼 떨어트리면 더 가까이 올 텐데 우리한테는 아무것도 없었다.
D의 뒤쪽 벽에는 그곳에 찾아오는 새들이 하나하나 그려진 그림이 붙어 있었다.

공원에서 나와 D가 다니고 있는 자유대 학생식당에 가서 빵과 샐러드, 고기를 넣지 않은 굴라쉬를 먹었다. 작은 크림브륄레까지 담았는데 4유로가 조금 넘었다. 아직 학생카드에 돈이 남았다며, D는 밥을 다 먹고 나서 커피까지 마실 수 있다고 말했다. 함께 서점에 잠시 갔다가, 거기서 찾던 책이 없어서 D는 다음 날 받을 수 있게 주문해 놓은 것 같았다. 우리는 다시 거리로 나왔다.
20분만 더 같이 걸으면 어떠냐고 D가 물었다. "그럼요. 물론이죠." 내가 대답했다. 그런데 아침부터 걸음이 쌓였는지 우리는 금세 피곤해졌다. "저기 앉아요." 때마침 어느 정원에 비어 있는 하얀 테이블을 찾은 D가 말했다. 좁은 입구여서 허리를 숙이고 통과해야 했다.

하얀 플라스틱 테이블 위에는 종이 다른 벌 두 마리가 엉켜 있었다. 한 마리는 이미 죽었고, 다른 한 마리는 아직 살아 있는데 힘이 없었다. 서로 끝날 때까지 싸워야 했던 걸까. 우리를 보고, 내 손가락이 가까이 오는 걸 보고 살아 있는 벌은 날아가려 했지만 몸이 떨리고 점점 더 움직이기 힘들어질 뿐이었다.

"설탕물 먹으면 살 텐데." 스스로 말을 내뱉자마자 D는 어딘가로 뛰어갔고 나는 몇 초간
머리가 하얬다. 곧장 일어나서 주변을 돌아다녔다. 잠시 동안은 뭘 찾아야 하는지 알지도
못했던 것 같다. 그러다가 쓰레기통을 열어보고 꽃이 핀 게 있나 한 바퀴 돌아보고 그다음
할 일은 도저히 떠오르지 않아서 나뭇잎을 주워 와 벌의 등을 조심조심 쓸어내렸다.

D가 하얀 휴지에 설탕을 조금 담아서 나타났다. "텀블러에 물 있죠?" D가 물었다. 나뭇잎에
설탕을 올려두고 물을 조금 부어서 녹길 기다렸다가 벌 근처에 뒀다. 벌의 혀라고 해야 하나
머리쪽 더듬이만큼 긴 대롱이 입에서 두 가닥 나와 설탕물을 빨아들이기 시작했다. 배가
커졌다가 작아졌다가 하는 광경을 보고 우리는 그제야 등받이에 등을 기댔다.
"이제 가요." 20분이 금세 지나 D의 수업 시간이 다 됐다.

"진우 씨. 오늘 제 생일인 거 알아요?"
"네. 그래서 제가 밥 산다고 한 건데 학생식당 오는 바람에 얻어먹었어요."
"묘지에 갔던 거 좋았어요. 생일에."

D는 작게 웃으며, 벌을 살린 일 또한 이상하다고 말했다. 더 무슨 말을 해보려고 했던 것
같은데 아마 무언지 영영 잘 알 수 없는 주제여서 말하길 그만둔 것 같았다. 하지만 표정이
좋아 보였다. 무언가를 알게 됐을 때보다 더 좋아 보였다.

밀크티를 책으로 배웠습니다만

엊그제, 겨울 바다를 거닐다 한순간 오른 흥을 못 이겨 산책로를 지키는 튼실한 나뭇가지에
매달리게 되었다. 장난삼아 가볍게 팔을 두르고 한쪽 다리를 떼려는데, 내 한 몸 정도야
든든히 지탱해 줄 것 같던 그것이 바람 빠진 주유소 풍선처럼 허든거린다. 괜히 멋쩍어
"속이 비었네, 죽었나 봐. 다듬어 줄 사람이 없구나." 하고, 나무를 나보다 더 불쌍한
위치에 가져다 둔다. 그렇게 하면 나의 장난이 덜 부끄러워지기라도 한다는 듯이. 얄팍한
눈속임으로 창피함을 무마한 그날 밤, 나는 책 속에서 이런 문장을 만났다.

"숲에서 죽은 나무나 나뭇가지를 함부로 제거하면 안 된다고 한다. 죽은 나무가 보이지
않는 생태계의 이동 경로이기 때문이다."

—박세미, 《식물스케일》 중에서

'아, 무식의 소치다.' 아무것도 모르면서 죽은 나무를 가엾게 여긴 오늘의 내가
부끄러워지는 순간이었다. 모르긴 몰라도 나무는 "가엾다." 운운하는 나를 더 가엾게
여기며 혀를 찼을 테지. 이렇듯 책은 나에게 아주 많은 것을 가져다준다. 오랫동안 잘못
알고 있던 것을 한순간 고쳐놓기도 하고, 살아가면서 한 번도 맞닥뜨리지 못한 무엇을
삽시간에 눈앞으로 데리고 오기도 한다. "키스를 책으로 배웠다."는 우스갯소리도 있지만,
자못 진지한 표정으로 이런 고백을 하면 어떨까. 실제로 나는… "밀크티를 책으로 배웠다."
밀크티란 단어를 처음 맞닥뜨린 건 중학생 시절. 한창 추리소설에 빠져 있을 때였는데,
밀크Milk라는 단어도, 티Tea라는 단어도 익숙하지만 이 둘을 조합한 단어는 몹시 해괴해
보였기에 적잖이 잘못된 단어처럼 느껴졌다. 추리소설의 화자인 형사는 생각을 정리하야
할 때나 사건이 제대로 풀리지 않을 때면 카페에 갔다. 그러고는 꼭 밀크티를 주문했다.
그 당시 내게 카페란 파르페나 과일빙수를 파는, 식빵과 크림을 무제한으로 제공하고
흔들거리는 그네 벤치에서 발을 구를 수 있는 '캔모아'가 전부였기에 '어른의 카페'란
머릿속에서만 그려온 것이었다. 형사는 어른의 카페에서 밀크티를 자주 마셨다. 사건이
풀리지 않을 때나 생각 정리가 필요할 때면 밀크티를 주문했고, 그 덕에 나는 줄거리를

따라가다 말고 곧잘 뭉근한 미식의 세계로 입장하게 되었다. 내 머릿속 밀크티는 우유처럼
뽀얀 것으로, 따뜻한 김을 폴폴 풍기는 달콤한 음료였다. 경험해 본 것에 굳이 비유해 맛을
상상해 보자면 '따뜻한 밀크셰이크' 정도로 짐작한 것 같다.

내가 밀크티를 실제로 맛본 건 그 책을 읽고 한참 시간이 흘러서였다. 처음 카페에서
밀크티라는 글자를 인식했을 때, 나는 한 치의 망설임도 없이 홀린 듯 그것을 주문했다.
머릿속에서 수십 번쯤 그려본 음료와의 만남을 기대하며 잔뜩 상기돼 있던 것도 잠시,
웬걸. 맑고 가벼운 액체가 밀크티 이름표를 달고 내 앞에 놓이는 것이 아닌가. 한 번도
경험한 적 없으면서 "평소에 마시던 것과 달라." 하는 허황된 혼잣말을 하기도 했다. 맛도
그랬다. 다소 맹한 것이… 실망스러웠다. 이게 진짜 밀크티란 말이야? 나중에 영국에서
오래 살았던 친구에게 들으니 '진짜' 영국 밀크티는 우유를 아주 약간만 부어 홍차 풍미를
살리는 게 일반적이란다. 찾아보니 "영국식 표준 홍차 규약인 ISO 3103에 의하면
홍차 약 300ml에 우유 5ml, 60:1 비율"로 넣어야 한다고. 내가 처음 밀크티를 맛본
카페는 영국 정통 찻집이었던 것이다.

그로부터 또 한참의 시간이 흘러 나는 다시금 밀크티와 조우하게 되었다. 실망(실패)한
전적이 있으면서도 밀크티란 글자에 재간 없이 홀린 건 오랫동안 머릿속에 그려오면서
쌓인 일종의 정 때문이었으리라. 얼마간 기대를 내려놓고 맹한 그것과 마주할 채비를
마쳤는데 내 앞에 놓인 밀크티 모습이 심상치 않다. '어?' 내가 숱하게 상상한 그 모습.
셰이크를 닮은, 우유 비중이 높고, 부드럽고 달콤한 맛, 바로 책으로 배운 그것이었다.
속이 든든해질 정도로 녹진하고 보드라운 밀크티는 상상해 온 것과 꼭 닮아 있었다. 아주
오랫동안 사진으로만 보던 누군가를 실제로 만나 손도 잡고 말도 섞고 어깨동무도 해보는
기분에 탄성이 다 터져나왔다. 나는 지금도 카페에서 '밀크티' 세 글자가 보이면 하릴없이
주문하게 된다. 너무 달거나, 좀 연하거나, 지나치게 인공적이라 실패할 때도 많지만
멈출 수가 없다. 추리소설 속 형사처럼 미간에 '찡긋' 힘을 넣고 뭔가 잘 안 풀린다는 듯
밀크티를 홀짝이는 것은 나와 밀크티만의 비밀스러운 교감. 조금 부끄러워도 그 표정을
짓지 않고서는 밀크티를 제대로 음미하기가 영 어렵다.

나를 이루는 9할이 해체

집에 정수기를 들여본 적이 없다. 생수를 사본 적도 없다. 수돗물을 마시느냐 물으면
그것도 아니다. 어릴 때부터 우리 집 부엌엔 늘 커다란 주전자가 있었다. 거기 물을 한가득
넣고, 보리 알갱이를 몇 줌 더한 뒤 팔팔 끓여 마시는 게 하루 일과였다. 태어나서부터
식수는 쭉 보리차였다. 이온수기니 정수기니 하는 기계를 집에 들인 적도 있지만 나는
늘 보리차만 고집했다. 어쩐지 나는 그 '하얀 물'(적확히는 투명한 것이지만 나는 정수된 물을 하얀
물이라 부르곤 한다.)이 어색했다. 지금은 거의 모든 사람이 정수기로 물을 마시거나 생수를
사 먹기 때문에 어디서건 하얀 물을 만나게 되지만, 나는 하얀 물을 마실 때면 여전히
마셔선 안 되는 걸 마시는 것 같다는 기분이 든다. 특히 미지근한 하얀 물일 땐 더더욱
그렇다. 어린 시절 부모님과 여행을 가면 곧잘 '물갈이'를 했다. 여행만 가면 열나고,
토하고, 설사하고, 속이 메슥대곤 했는데 그것을 엄마 아빠는 물갈이라 불렀다. 물갈이는
타지의 석회질, 미생물 함유량이 기존에 마시던 물과 달라 신체가 거부 반응을 일으켜서
발생하는데, 깨끗한 물을 마셔도 발생한다고 한다. 기존 물에 익숙해져 있던 장내 미생물이
갑자기 새로운 미생물과 무기질 비율의 물을 받아들이고 놀라는 것이다. 한창 여기저기
여행 다닐 어린 시절이라면 1990년대일 터인데, 찾아보니 그 시절엔 국내에 정수기가
가장 널리 보급된 때란다. 정수된 물을 마시고 속앓이를 할 리가 없는데 무언가 이상하다.
부모님을 붙잡고 물갈이 얘기를 하면서 그 당시 놀러 가면 수돗물을 먹었느냐 물으니
"그랬을걸? 그랬나? 그랬을 거야." 정도의 대답이 돌아온다. 이러한 연유로 물갈이가
수돗물 때문이었는지는 확실하지 않지만, 여하간 나는 서울·경기·인천을 벗어나 어디론가
여행을 가면 꼭 물갈이를 했다. 부산에서도, 경주에서도, 전주에서도, 대구에서도 배가
아팠고, 설사를 했고, 열이 났다. 하루는 혓바닥에 오돌토돌한 것이 징그럽게 돋아나기도
했는데 그게 다 물갈이 때문이란다.
나는 예나 지금이나 물을 무서울 정도로 많이 마신다. 하루에 1.5리터 이상 마시라고
권장되는 물. 1.5리터 정도야, 기상하고 두어 시간 만에 다 채울 정도로 거뜬하다. 최근엔
그 빈도와 양이 더욱 많아져 5리터들이 주전자가 하루 만에 동나기 일쑤다. 냉장고 깊숙이

물통을 넣어두고 아주 차가운 상태로 한 컵 크게 들이켜는 걸 가장 좋아하지만, 유일하게
따듯한 보리차가 반갑던 시절도 있었다. 아빠가 기분 좋게 취해서 돌아오는 날에만
마시곤 하던 따듯한 갈색 물. 엄마랑 아빠는 약속이라도 한 듯, 술자리를 파한 아빠가
귀가 연락을 해오면 냉장고에 있는 보리차를 꺼내 팔팔 끓였다. 아빠가 도착할 즈음이면
딱 알맞게 식어 있었는데, 거기 꿀을 크게 두 스푼 반을 넣어 휘휘 젓는다. 안 자고 깨어
있는 밤이면 나도 꿀 보리차를 한 컵 차지할 수 있었다. 늦은 밤, 이불 속에 돌돌 말려 후후
불어 먹는 달콤하고 구수한 갈색 물. 그걸 마시고 잠드는 날이면 꿈속에서 귀여운 파티가
열렸다. 꿀벌들이 윙윙 몰려들어 보리차 주변을 노오랗게 장식했다. 가랜드도 달고, 뽀얀
케이크도 옮기고, 버터 쿠키도 진열하면서 내 뱃속을 온통 노란색으로 물들이는 것이다.
먹음직스러운 노란 잔칫상을 뒤로하고 내가 손을 뻗는 건 쿠키도 아니오, 케이크도 아닌
갈색 물. 달콤한 보리차를 '꿀꺽' 삼키면서, 나는 기분 좋게 단잠에서 깨어날 수 있었다.
가끔 우리 집이 아닌 곳에서 직접 끓인 보리차를 만날 때가 있다. 티백으로 우려낸 구수한
맛도 좋고, 슈퍼에서 사 온 진득한 블랙보리가 유난히 매력적으로 느껴질 때도 있지만…
역시 나는 보리 알갱이가 가라앉아 있는, 날것 그대로의 곡물이 푹 우러난 보리차 본연의
구수함을 좋아한다.
어릴 때부터 물과 함께 밥을 먹는 버릇이 있어, 밥 한술에 보리차를 두세 모금씩 마시다
보니 한 끼 식사에 물 1.5리터를 마시는 건 예삿일이다. 마지막 한 모금을 마실 땐 잔뜩
우러나 통통 불은 보리 알갱이가 입에 가득 들어차곤 하는데, 제 역할을 다한 기특한 갈색
알갱이들을 입안에서 굴리는 건 어찌나 재미있는 일인지. 나는 비운 물통을 매일 부엌에
전리품처럼 세워둔다. 오늘만 해도 이미 오전에 보리차 두 통을 동냈다. 꽤 많은 물통이
줄지어 설 것 같은 날이다. 그렇게 매일을, 수십 년을 쉼 없이 들이켠 보리차는 지금도
내 어딘가를 이루기 위해 몸속 곳곳을 여행하고 있을 테다. 보리로 만들어진 갈색물은
내 손톱이 되고, 눈곱이 되고, 두피가 되고, 체모가 되고, 침이 되고, 시신경이 되고, 때로는
피가 되어 좌심실에 머물기도 하고….

엄마 뱃속에서 배운 맛

〈드래곤볼〉에 '선두'라는 알약이 나온다. 일명 '만능 회복 아이템'으로, 한 알만 먹어도 체력 회복과 포만감을 주는 알약이다. 어릴 적 그 에피소드를 보면서 '엄마가 원하던 게 이건가.' 하는 생각이 들었다. 평생 먹는 데 관심이 없던 엄마에게 어릴 때부터 심심치 않게 들은 말 중 하나가 "먹으면 배불러지는 캡슐이 있으면 좋겠다. 그런 게 나올 법하지 않나?"였다. 어릴 때는 그 말을 제대로 이해하지 못했고(엄마가 만든 음식이 얼마나 맛있는데!), 미식의 세계를 어렴풋이 알게 된 이후로는 더더욱 이해하지 못한다(엄마가 해준 음식이 제일 맛있는데!). 그런 엄마도 임신했을 때 입에 당기던 음식이 하나 있었다는데, 그것이 바로 '생무'다. 엄마는 시도 때도 없이 무가 먹고 싶었다고 한다. 매일 시장으로 달려가 두 통씩 사서는 찬물에 씻고 겉만 살짝 깎아 우적우적 씹어 먹는 게 그렇게나 시원하고, 달콤하고, 아무튼 좋았다고. 보리차가 내 생장에 막대한 지분을 두고 있다면 엄마 뱃속에서 고작 세포에 불과하던 나에게 내장과 혈액을 준 건 다름 아닌 생무였던 것이다.

인터뷰이를 만나러 집집을 다니다 보면 음료를 대접받는 일이 많다. 독특한 풍미의 커피, 마트에서 쉬이 볼 수 없는 이국의 주스를 내어주시는 분이 있는가 하면, 시간이 없어 마땅한 걸 준비 못 했다며 찬장에 잠들어 있던 티백을 꺼내거나 날씨에 맞는 온도로 물을 정성스레 대접허 주시는 분도 있다. 여러 음료를 양껏 맛보면서 음료란 마셨을 때 원재료가 무엇인지 파악헐 수 있을 만큼 명료한 것이라는 걸 알게 되었다. 망고주스라면 응당 망고 맛이 날 테고, 알로에주스라면 초록빛을 띨 터. 맛과 색이 명징하여 정체를 알기가 저법 쉬운데, 하루는 참으로 미스터리한 음료를 마주하게 되었다.

종류는 분명한 차. 서양 차보다는 보리차나 보이차 같은 동양 차인데, 결명자차, 자스민차, 둥글레차, 작두콩차, 메밀차… 마셔본 차를 다 떠올려봐도 비슷한 분위기만 감돌 뿐 '딱 그 맛!'이라 할 만한 게 떠오르지 않는다. 한 번도 먹어보지 않았다기엔 어딘가 익숙한 맛. 나는 그 기묘함에 한참을 골몰하다 슬그머니 입을 뗐다. "이거… 무슨 차예요?" 둥그런 미소와 함께 돌아온 대답은 '무차'란다. 부엌에서 엄마와 나란히 서서 수도 없이 잘라 먹던 무. 뭉근히 끓여 먹고, 생선이랑 삶아 먹고, 간장에 조려 먹고, 샐러드로 무쳐 먹던 무. 그런 무가 '차'라는 옷을 입고 나타나다니, 어쩐지 배신감이 드는 것이었다. 인터뷰이는 무를 직접 덖어 내린 차라고 했다. 무를, 덖어서, 그걸로, 차를? 무나 차에 관해 전문적으로 잘 아는 사람들은 '그거 일반적인 건데.' 하고 생각할지도 모르겠으나 그 당시 내겐 몹시 충격적인 일이었다.

지금도 종종 덖은 무로 우린 차가 떠오른다. 맛은 흐릿해지고 그저 '좋았다'는 감상만 남아 있지만 무차를 만들어보고 싶다는 생각은 연례행사처럼 찾아온다. 어느 가을엔가 직접 덖어보겠다고 무 한 통을 사 온 적이 있는데, 계절이 계절이다 보니 맛이 아주 잘 들어 순식간에 절반을 생으로 먹고, 나머지 절반은 샐러드로 먹고, 남은 것은 몽땅 조려 먹어버렸다. 무 한 통이 금세 끝나 덖을 무가 조금도 남아 있지 않았다. 깨끗하게 한 통을 비운 후에야 '아차, 무차!' 하고 떠올리게 되니 아직 무차를 향한 진심이 모자란가 싶기도 한데, 머쓱함에 레시피를 검색하며 알게 된 사실 중 하나는 무차는 생무를 덖는 게 아니라는 거다. 무를 썰어서 말린 후 덖으라니, 공정이 꽤 복잡하다. 긴 시간을 머금은 차였기에 단번에 '맛있다. 무슨 차지?' 하고 궁금해진 걸 테지. 한편, 과연 내가 이 정도의 정성을 들여 무차를 만들 수 있을까 덜컥 겁이 난다. 공산품(이 있는지도 모르겠지만)은 사 먹지 않겠다 호기롭게 다짐했건만 무를 말리는 것부터 하기엔 복잡하고… 내 인내심으론 역부족이다. 그렇다면 슬쩍 요령을 부려 무말랭이를 사다 덖어보면 어떨까? 머리를 굴려 가며 장 볼 목록에 '무말랭이'를 적어 넣는다. 기껏 사 온 무말랭이를 홀랑 무쳐버리고 '아차, 무차!' 할지도 모르겠지만, 미래의 나를 믿어볼까. 무차를 만드는 데 성공한다면 생무로 나를 키워낸 엄마에게 가장 먼저 대접해 드릴 것이다. 이런 말도 덧붙여야지. 수십 년 전 무 먹고 자란 애가 이렇게나 커서 무를 덖어 차도 만든다고, 뱃속에서부터 알던 이 맛을 나도 참 좋아한다고.

상황

Essay

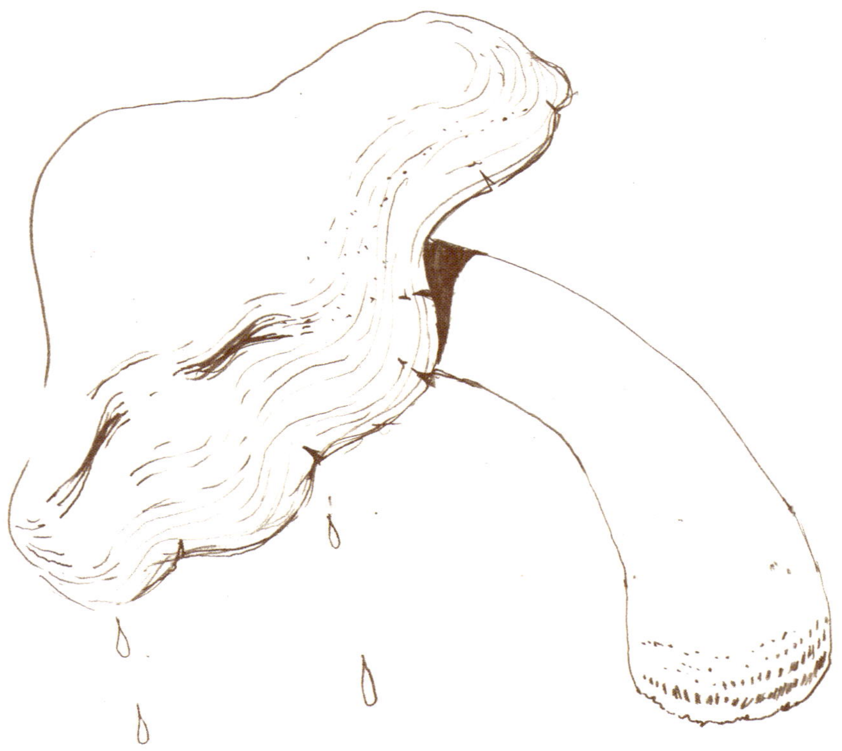

글·그림 한승재 — 푸하하하프렌즈

"소장님, 이건 지난번에도 말씀드렸잖아요."
"아! 이건 제가 설명해 드릴게요. 이게 어떻게 된 거냐면요….”
"어찌 된 건지 다 이해는 하는데 이렇게 하시면 안 되죠.”
현장 소장님이 실수를 했다. 어떤 실수인지 설명하기는 참 복잡하다. 글의 분량을 무작정 늘릴
수 없어 간단하게 설명하자면… 일부러 실수를 하고 싶어서 한 것도 아니고, 그렇다고 모르고
실수를 한 것도 아니다…. 조금 더 편하게 설명하자면, 그것은 일어나지 않았어도 될 일이었다.
요리에 소금을 너무 많이 넣어서 못 먹게 되어버리는 정도의 실수? 아차 하는 순간에 벌어지는
그런 실수에 비할 수 있을 것이다. 뭐 살다 보면 그럴 수도 있지 않은가? 근데 나의 말투에 조금
짜증이 섞인 이유는 그런 일이 생각보다 빈번하게 일어나기 때문이었다. 나로 말할 것 같으면
건물 설계를 하는 사람이고 설계가 끝나고 나면 설계대로 시공이 되고 있는지를 감리하는
사람이다. 현장에 잘못된 것이 있으면 수정하라고 이야기하고, 수정하기 어려우면 그 방법을
함께 찾아주기도 한다. 그러나 수정할 방법이 없을 때는 했던 걸 부수고 다시 시공하는 수밖에
없다. 참 속상한 일이고 원망스러운 일이다. 부수고 다시 만드는 것도 속상한 일이지만,
사실 그보다 더 속상한 건 남에게 모질게 굴어야 한다는 점이다. 천사 같은 내가 말이다.
"소장님, 그래도 이 부분은 다시 하셔야 돼요.”
"네….”

"한 번만 더 확인하고 발주 넣으시지 왜 발주부터 넣으셨어요….” (번역: 한 번만 간을 보고 소금을
넣으시지 그러셨어요….)
나는 한 번 더 볼멘소리를 했고, 현장 소장님은 안타까운 표정을 지었다. 건설 현장은 갑과 을이
서로 먹고 먹히는 동물의 왕국이다. 아무리 세상이 좋아졌어도, 아무리 세상이 수평적으로
변했다고 해도 몸속에 밴 을의 피는 쉽게 희석되지 않는다. 누군가 잘못된 점을 지적하면
"예, 곧바로 시정하도록 하겠습니다.” 이야기하며 어깨를 굽신거리게 된다. 상대방이 아무리
좋은 표정으로, 아무리 좋은 말투로 좋게 말하려고 해도 어깨가 올라가고 머쓱한 미소가
지어지는 것은 어쩔 수가 없다. 현장 소장이 아니어도 이런 일은 누구에게나 빈번하다. 물론
나에게도 종종 일어나는 일이다. 공무원의 비위를 맞추거나 건축주의 표정을 살펴 가면서
조심스럽게 이야기 꺼내는 일은 흔하디흔하다. 누군가 갑자기 나타나 설계를 이따위로 했냐고
소리 지르기도 했고, 누군가 갑자기 나타나서 감리가 이것도 모르냐며 옥박지르기도 했다.
뭐가 틀렸는지 알려주기나 하고 소리를 지르던가…. 소리치는 사람이 누군지는 일단 관심 없다.
어디서든 먼저 소리치면 소리치는 사람 말이 맞다. 뭔가 잘못한 거 같은 기분이 든다. 그럴 때는
주눅 들어 보이지 않으려고 애써 명랑한 표정을 지어 보이곤 했다.
남에게 받은 스트레스를 다른 곳에 앙갚음하려는 돼먹지 못한 심리는 아니다. 이 글을 통해 물고
물리는 뻔한 세상사 이야기를 하고 싶은 건 더더욱 아니다. 싫은 소리 듣고도 싫은 티 내지 않던

현장 소장님이 약간 마음에 걸렸을 뿐이다.

그때 내가 소금 까질하게 말했던가? 그래, 소장님께 조금 짜증을 냈다 치자. 그렇지만 그건 속상하기 때문이었다. 열심히 했는데 그걸 다 부수고 새로 하게 되었으니 나도 속상하지 않겠는가? 나만 괜찮다고 하면 아무 일도 아니었을 것을 눈감아 주지 않아서 미안하지 않겠는가. 그래도 나는 현장에서 일하는 사람들에게 못되게 굴지 않는다. 짝다리 짚고 말하지 않고, 제 딴엔 편하게 대한다면서 껄렁거리며 말하지 않는다. 마치 완장이라도 찬 것처럼 현장을 돌아다니며 지적질하는 싹퉁바가지들을 여러 차례 봤기 때문이다. "이것도 몰라요?" "이건 도대체 왜 그려놓은 거죠?" 이렇게 말하고 돌아서는 싹퉁바가지들을 너무나도 많이 보아왔다. 소장님에게 나는 어떤 바가지인지 모르겠지만 분명 나는 그들과는 다르다. 그럼에도, '저 녀석 티(T)야….' 속으로 생각하실지도.

"아이구, 그나저나 건축사님 추운데 이것 좀 마셔요. 상황버섯 차인데, 우리 현장 목수가 매주 산에서 버섯을 캐 와서 이렇게 차를 달여서 먹거든요. 이게 참 몸에 좋아요."

자칫 분위기가 어색해질까 봐 그랬을까? 혹은 너무 주눅이 들어 보일까 봐 그랬을까? 소장님은 친근한 표정으로 차를 한 잔 건넸다. 한겨울 컨테이너에 조성된 현장 사무실은 무척 춥다.

사무실 가운데에 전기 난로가 하나 있고 난로 위에는 주전자가 늘 달궈져 있다. 주전자에는 버섯을 달여 만들었다는 차가 끓고 있다. 저기 수줍게 서 있는 목수가 근처 산에 올라가서 캐 오는 귀한 버섯이라며, 적어도 다섯 번째는 같은 이야기를 들었던 것 같다. 버섯을 우려 만든 차의 맛은 늘 미안하다. 상황버섯은 미안한 마음이 들게 하는 버섯인가 보다. 차라리 차가 쓰면 좋겠다. 내가 고생시킨 만큼 쓴맛으로 되돌려 받으면 마음이라도 편할 텐데.

회사로 돌아오는 길, 추운 정류장에서 왼발 오른발 동동 굴러가며 한참을 오지 않는 버스를 기다렸다. 나와 동행한 신입 직원은 추위를 참지 못한 건지, 무엇을 참지 못한 건지, 참지 못하고 볼멘소리를 내뱉었다. 아니 현장 소장님은 처음부터 일을 제대로 했으면 됐을 일 아니냐며, 왜 확인을 안 해서 다시 시공을 하게끔 하는 것이냐고. 새로운 싹퉁바가지의 탄생을 목격한 거 같다. 그는 현장 소장님이 안쓰러운 것이지만 실은 안쓰러운 것도 미운 것이다. 왜 나만 나쁜 사람 만드냐며 투덜거리는 리얼리티 연애 프로그램의 한 장면을 보는 것 같다.

현장에서 사무실까지는 꽤 거리가 멀다. 어쩌다 보니 뜨거운 차를 담은 종이컵을 하루 종일 들고 다녔다. 종이컵에 조금 남은 물이 흐를까 봐 주머니에 넣지 못했다. 왼손에 쥐었다가 오른손에 쥐었다가 계속해서 바꿔 쥐었다. 길가에 쓰레기통이 없으니 그 복잡한 기분을 하루 종일 간직하고 다닐 수밖에 없었다.

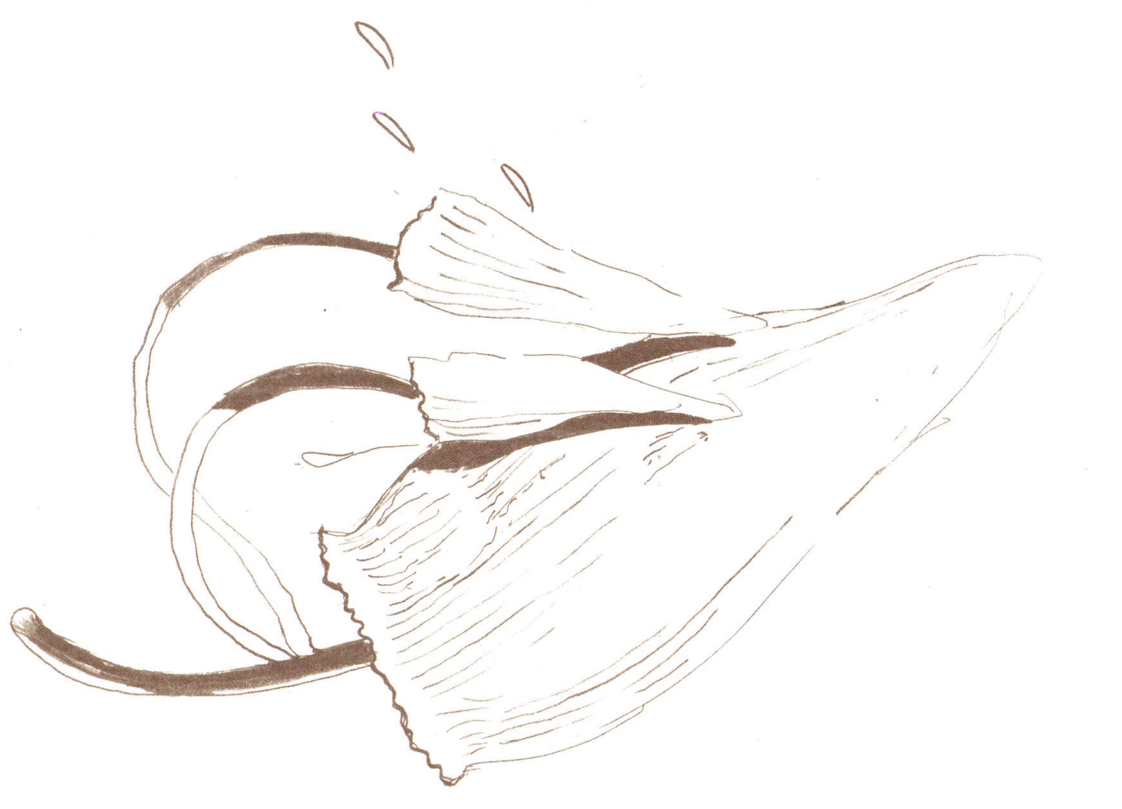

일단 차부터
한잔할까요?

따뜻한 차보다는 쨍한 아이스 아메리카노가 대세인
이 바쁜 나라에서, 꿋꿋이 차를 마시는 나의 쿵후 관장님을
보며 차 마시는 일의 의미를 생각해 본다.

글 한수희   일러스트 점선면

일주일에 세 번, 일 년째 동네 쿵후 도장에 다닌다. 나를 뺀 회원은 두 명뿐인 것 같다. 아니, 다른 요일이나 시간대에는 좀 더 있을지도 모른다. 그래봤자 열 명도 되지 않을 것이다. 나 혼자일 때도 부지기수다. 나는 정적 속에서 홀로 궁보와 마보 같은 것들을, 그 외의 이름을 알지 못하는 온갖 동작을 연습하고 또 연습한다.

화교인 관장님은 하루 종일 방에서 차를 마신다. 관장님의 찻잔은 아예 갈색으로 물들어 있다. 어느 날 관장님은 '회원 모집'이라는 글씨를 새긴 손바닥만 한 나무판을 입구에 걸어 두셨다. 그러나 (당연히) 회원은 늘지 않는다. 그럼에도 관장님은 계속 차를 마신다. 차만 마신다. 이 도장, 이대로 괜찮은 것인가?

관장님, 뭔가 해봐야 하는 거 아닐까요? 원데이 체험 클래스를 열어야 하는 거 아닐까요? 하다못해 동네 축제 때 나가서 쿵후 시범 쇼라도 보여야 하는 거 아닐까요? 계속 차만 마시다가 딱 5분 일어서서 가르치고 나머지 55분은 혼자 알아서 해야 하는 이 도장의 시스템이 요즘 시대에는 맞지 않는 거 아닐까요? 그 비싼 PT도 척척 받는 세상인데, 좀 더 적극적이고, 좀 더 세심하고 집요하게 회원들을 '케어'해야 하는 거 아닐까요?

그러나 나는 이 도장이 마음에 들고 쿵후라는 운동(내게 쿵후는 무술이라기보다 운동이다)이 마음에 든다. 남에게 이끌림 당하고 지적받는 것이 딱히 달갑지 않은 성격인 나는 55분 동안 혼자 배운 것을 연습하고, 딱 5분 지도편달을 받는 이 시스템이 마음 편하다. 아무도 없는 도장에서 혼자 연습하니 어설프기 짝이 없는 내 몸짓을 보는 이 없어 더 마음 편하다. 과한 열정과 과한 친목과 과한 애정이 존재하지 않는 이 내향적인 도장의 풍경이 나에게는 더더욱 마음 편하다. 그러니 관장님, 아예 밖에다 '내향인 환영'이라고 써 붙이면 어떨까요? 하지만 내향적인 나는 이런저런 생각을 꿀꺽 삼키고, 오늘도 입을 꾹 다문 채 이런저런 동작을 연습하다 도장을 나설 것이다.

나는 중학생 때, 몹시 삐딱하고 귀염성이라고는 없는 아이였다. 같은 반 남자애들과 이야기를 나누는 일은 거의 없었고, 나를 첫 번째 친구라고 생각해 주는 여자애도 아마 없었을 거라고 생각한다. 그 무렵에는 어떤 사소한 일이라도 말로 표현한다는 게 아주 어려운 일이었다. 나의 회화에는 반드시 어딘가에 실수가 있었다. 상대를 썰렁하게 만들거나 목소리가 너무 작거나 아니면 침묵이 너무 길거나 했다. 말을 한다는 것은 항상 내게 안타까운 후회를 몰고 왔다. 그래서 입술이 바짝 말라 버릴 만큼 오랜 시간, 나는 늘 침묵하고 있었다. 나는 교실 난간에 몇 달씩이나 대롱대롱 매달린 채 잊힌, 갈색으로 빳빳해져 버린 드라이플라워 같은 아이였다.

– 〈식지 않는 홍차〉, 《완벽한 병실》 중에서

어떤 이야기를 좋아하게 될 때는, 어떤 글에 빠져들게
될 때는 바로 이런 문장들을 만날 때다. 이런 문장을 만날
때 나는 똑똑 문을 두드려 잠시 들어가도 되겠습니까, 하고
말하는 낯선 손님을 떠올린다. 나는 약간 경계하면서도
기대에 차서 그를 집 안으로 들이는데, 그는 내 집의 소파에
단정히 앉아 차를 홀짝홀짝 마시면서 자신의 이야기를
들려주는 것이다. 그 사람의 이야기는 너무나 흥미롭고,
그 이야기 속의 감정들은 나도 너무나 잘 아는 것이다.
거기에 더해 그는 지금껏 내가 미처 살피지 못했던 작은
진실들, 그러니까 옷에서 떨어진 실밥 같은 그런 진실을
하나하나 소중하게 주워 들여다볼 줄 아는 사람이기도 하다.
일본의 소설가 오가와 요코의 《완벽한 병실》이라는
소설집을 나는 그런 마음으로 좋아한다. 그중 〈식지
않는 홍차〉라는 이야기의 주인공 '나'는 중학교 동창의
장례식장에 갔다가 다른 동창 K군을 만나게 된다. 중학교
시절과 달라진 게 없는 K군은 '나'를 집으로 초대하고, 그의
집에는 여자친구가 있다. 그의 아름다운 여자친구는 맛있는
식사를 대접한 뒤 홍차를 내온다. 그들은 홍차를 마시면서
계속해서 이야기를 나눈다. 그는 '나'에게 여자친구를
기억하지 못하느냐며, 그녀는 그들이 다니던 중학교
도서관의 사서였다고 말한다. 중학교 때부터 그는 그녀를
사랑했다는 것이다.

    미리 준비하여 갈고닦아 둔 듯한 대화였다.
집에서 손수 만든 디저트가 있고 홍차의 향기가
있고, 그리고 사랑의 처음을 기억하는 선명한

말들이 있는, 아무 상처도 없는 오후였다. 마당의
풀과 나무는 졸음에 겨운 듯 조용히 바람에
흔들리고, 베란다 창으로 들어오는 햇살은 커튼의
레이스 무늬를 흔들고 있었다.

– 〈식지 않는 홍차〉, 《완벽한 병실》 중에서

그들의 집에서 따뜻하고 편안한 시간을 보낸 '나'는
자주 그들을 찾게 된다. 반대로 함께 살고 있는 남자친구
사토와의 사이는 점점 멀어져 간다. K군의 집에서 보낸
시간이 꿈처럼 완벽했다면, 사토와의 생활은 현실적이고
무덤덤하다.
그러나 이상하게도 K군이 내려준 홍차는 아무리 시간이
지나도 식지 않는다. '나'는 의심한다. 어쩌면 K군 커플은
오래전 도서관 화재 사고 때 죽은 게 아닐까? 그들의 집은
사실 존재하지 않는 장소가 아닐까? 사실 이 이야기는
죽음에 관한 이야기다. 삶과 죽음의 경계는 '나'에게 어린
시절 약방에서 본 인체 해부도와 뇌의 모형을 떠올리게
한다. 내장과 혈관과 근육 같은 것들이 온갖 색으로 얽혀
있는 살아 있는 인간의 몸은 어쩐지 구역질 나는 것이다.
마치 사토의 입안처럼.

    그의 치열은 들쭉날쭉, 이 하나하나가 잇몸에
먹혀 든 것처럼 보였다. 충혈해서 불그레해진
잇몸이며 무화과 열매처럼 오돌토돌한 혀, 뒤엉킨
거미집 같은 침은 나에게 오랜 옛날의 그 약방을

생각나게 했다. 그가 담배 냄새 지독한 숨을 내쉴 때마다 목젖 안쪽으로 보였다 숨었다 하는 구멍 끝에 저 수많은 내장이 매달려 있는 걸까, 하고 생각하면 기분이 우울해지는 것이다.

— 〈식지 않는 홍차〉, 《완벽한 병실》 중에서

살아 있는 것은 무섭고 징그럽다. 그러나 죽음은 깨끗하고 아름답다. 심지어 따뜻하기까지 하다. K군 커플에게는 결점이 없다. 살아 있는 것들은 결점투성이다. 그리하여 '나'는 이 완벽한 죽음의 세계에, 존재하지 않는 것들에, 영원히 식지 않는 홍차의 향기에 매혹되고 마는 것이다.

나는 다시 한 번 천천히 방 안을 바라보았다. 졸음이 몰려올 만큼 따스한 온화함이 있었다. 레몬 무스를 한 스푼 퍼올리자 작은 거품 방울이 몇 개나 터졌다. 그녀의 입가는 조금 전의 로맨틱한 말 조각들이 아직도 남아 있는 것처럼 반들거렸다. K군은 겸허한 분위기로 그곳에 있었다. 그것은 그녀의 아름다움을 확인하기 위해서만 그곳에 존재한다는 듯한 겸허함이었다. 홍차를 젓는 소리와 레몬 무스가 입안에서 녹는 소리가 번갈아 났고, 아무 상처도 없는 그대로 일요일 오후는 흘러갔다.

— 〈식지 않는 홍차〉, 《완벽한 병실》 중에서

영화 〈비밀과 거짓말〉의 중년 여성 신시아는 어느 날 한 여자가 건 전화를 받는다. 호텐스라는 이름의 여자는 자신이 신시아가 오래전 입양 보낸 딸이라고 말한다. 기억에서 지워버린 10대 시절의 출산을 떠올린 신시아는 기겁을 한다. 한번 만나보고 싶다는 호텐스의 간곡한 부탁에 결국 두 사람은 만날 약속을 잡는다. 그런데 막상 신시아의 앞에 나타난 딸 호텐스는 흑인이다. 백인인 자신에게서는 나올 수 없는 아이인 것이다. 뭔가 잘못된 게 분명하다던 신시아는 순간 어떤 기억을 떠올리고는 경악한다. 출산 후 아기 얼굴도 보지 않고 입양을 보냈던 것이다.

별다른 기술 없이 박스 공장에서 일하는 싱글맘 신시아와 고등학교만 마치고 거리의 청소부로 일하는 딸 록산은 전형적인 영국의 하층민이다. 늘 남들 눈치를 보고 불안해하면서도 호들갑을 멈추지 못하는 신시아는 늘 화가 나 있는 듯한 록산과 사이가 좋지 않다. 반면 호텐스는 평범한 가정에 입양돼 사랑받으며 자랐다. 대학을 졸업한 후 검안사로 일하는 호텐스의 집은 깔끔하고 잘 정돈되어 있다. 호텐스와 록산은 같은 어머니를 두었다기에는 외모부터 성격, 라이프 스타일까지 좀처럼 비슷한 것이 없어 보인다.

그러나 신시아와 호텐스는 만난 그날부터 서로 끌리게 된다. 이제 신시아에게는 즐거운 비밀이 생겼다. 신시아는 처음 만난 딸과 자주 통화하고 만나며 시간을 보낸다. 그러다 너무 들뜬 나머지 남동생 모리스가 열어준 록산의 생일 파티에 호텐스를 초대하기에 이른다. 잘 꾸민 모리스의 새집에서 그들의 비밀과 거짓말은 모두 폭로된다. 〈비밀과 거짓말〉의 감독인 마이크 리의 영화는 언제나 나에게 미스터리다. 줄거리만 요약하면 딱히 어려울 게 없는 단순하고 통속적인 이야기다. 그런데 대체 이게 무슨 이야기인지 모르겠다. 영화가 끝나면 질문이 가득 남는다. 마이크 리는 절대로 이건 이거야, 저건 저거고 그건 그거야, 라고 말하지 않는다. 이런 사람과 저런 사람과 이렇고 저런 인생을 보여준 후 그냥 그렇게 끝내 버리는 것이다. 비밀과 거짓말이 사라진 후에도 문제는 계속 남아 있다. 그럼에도 그들은 햇살 아래 작은 마당에 모여 앉아 차를 나눠 마신다. 신시아가 만족스러운 듯 다리를 뻗으며 이렇게 말한다.

"이게 인생이지."

영화는 이렇게 끝난다. 그렇지. 영국 사람들에게 따뜻한 햇볕과 홍차 한 잔이면 더 바랄 게 뭐가 있겠는가. 세 모녀는 행복해 보인다. 다만 이게 인생이란 말이 흰 셔츠에 번진 홍차의 얼룩처럼 오래 남는다. 무엇이 인생이란 말일까? 생각이 짧은 신시아한테는 어찌 됐든 이렇게 다 함께 앉아 차를 마실 수 있으니 된 거 아니냐는 의미일 것이다. 그러나 정말 비밀과 거짓말은 말끔하게 해결된 걸까? 이렇게 다른 세 모녀는 영원히 햇살 아래서 차를 마시며 웃을 수 있을까?

나는 약간 다르게 생각해 본다. "이게 인생이지"라는 말을. 일단 차부터 한잔하고 한숨 돌리자. 한숨 돌린 후에 생각해 보자. 복잡하고 골치 아픈 일들에 대해서. 복잡하고 골치 아픈 것, 그게 인생이니까. 비밀과 거짓말은 언제든 또 우리 삶을 뒤흔들 테니, 일단 지금은 차부터 한잔하자. 달리 할 수 있는 일이 없으니.

차를 마시는 시간은 내향적이다. (내향인 환영!) 차를 급하게 마시기는 쉽지 않다. 뜨거운 차의 김을 불어 호록호록 마신다. 목구멍으로 따뜻하고 향긋한 물줄기가 부드럽게 내려간다. 음, 하고 가만히 허공을 바라본다. 음, 하고 여러 가지를 생각한다. 아니 아무것도 생각하지 않는다. 그리고 다음 한 모금을 마신다. 같은 일이 반복된다. 그렇게 시간은 흐르고, 인생은 흘러간다. 아마 나의 관장님도 같은 마음으로 차를 마시는 것이리라.

Movie—마이크 리, 〈비밀과 거짓말〉(1996)

Book—《완벽한 병실》 오가와 요코 | 문학수첩

한 잔의 온기를 빌려

좋아하는 차가 있나요?

따뜻한 꿀차 한 잔 | 발행인 송원준
감기 기운이 있을 때 마시는 꿀차 한 잔은 나만의 작은 의식이다.
듬뿍 넣은 꿀 한 스푼의 달콤함이 몸속에 퍼지면 몸 회복되는
기분이 든다.

대만산 고산 우롱차 | 편집장 김이경
얼마 전, 귀한 선물을 받았다. 푸른 꽃무늬 패키지에 담긴 찻잎,
대만 여행에서 건너온 '고산 우롱차'였다. 평소 꽃향이 나는 차를
즐기지 않는데도, 은은한 향은 부담스럽지 않았고 목 넘김은
유난히 부드러웠다. 처음으로 마셔 본 대만차. 그 한 잔으로,
아직 알지 못한 다른 대만차들이 궁금해졌다.

향으로 남은 첫 인터뷰 | 에디터 황진아
대학 시절, 내가 만들던 잡지의 첫 인터뷰를 앞두고 들른
카페에서 맡았던 낯선 향. 옆자리 앉은 사람이 마시던 차에서
나던 독특한 그 향이 히비스커스라는 걸 한참 뒤에야 알았다.
그날의 긴장과 설렘을 떠올리고 싶어질 때면 여전히 이 차를
찾는다.

우유를 섞어 주세요 | 에디터 차의진
카페인이 맞지 않고, 찻자리에서는 자꾸 웃음이 나는 사람.
"찻잎을 오래 덖어 카페인이 적고 고소해요."라는 친절한
카페 주인장의 말에 이끌려, 호지라떼를 좋아하게 되었다.
화이트초콜릿을 살짝 묻힌 호지차 사브레까지 곁들이면
완벽한 휴식이 완성된다.

내 감기약 | 마케터 문주원
어릴 때는 특히 기관지가 약해 늘 목감기를 달고 다녔다. 그럴
때면 다양한 민간요법을 시도했는데, 꼭 빠지지 않는 건 따뜻한
유자차였다. 목소리가 나오지 않을 만큼 심한 날에는 유자차를
텀블러에 가득 담아 학교에 가곤 했다. 내가 가장 좋아하는,
그리고 고마운 차.

어머니의 생강차 | 공간사업 매니저 정영준
기침이 나면 꿀 잔뜩 들어간 생강차를 마신다. 쌉싸름하고
톡 쏘는 맛이 목에 닿으면 빨리 나아질 것 같은 느낌이 들게
한다. 그 맛이 싫지만 어머니께선 '건강한 맛'이라고 하시며
눈앞에서 드시니 따라 마신다. 기특한지 항상 웃으시던 어머니의
생강차에는 사실 꿀이 잔뜩 들어가 있었다.

마르코 폴로 | ABC 디렉터 하나
달큼하고 그윽한 향이 매력적인 차. 뭣 모를 때 친구가 되어 서른
해쯤 붙어있는 웬수 Y가 좋아하는 것인데, 언젠가부터 나의

찬장에도 늘 쟁여져 있다. 다른 홍차들에 비하면 맛이 옅어서
향긋한 기분 전환이 필요할 때 주로 찾는다.

꿀을 섞어 드릴까요? | ABC 매니저 김하영
잘 말린 라벤더를 줄기 채 엮어 티 망에 거른 후, 따뜻한 차를 내려
마신다. 잘 우려낸 라벤더 차는 쓰지 않고, 산뜻한 향이 난다.
가끔 불안과 불면증에 시달리는 이에게 라벤더 차를 건넨다.
좀 더 울적해 보이는 날엔 달달한 평화를 바라며 이렇게 묻기도
한다. 꿀을 좀 섞어 드릴까요?

오순도순한 마음으로 | ABC 매니저 오은정
M의 작업실에 놀러 갔었다. 그는 손님이 오면 꼭 따뜻한 차를
내려주는데, 그날따라 엄청 맛있었다. 이거 뭐야? 오순티라고,
어릴 적 엄마가 끓여주던 물을 복각해서 만든 곡물차래. 그러고
반년은 족히 지난 어느 날. 우리 집에 놀러 온 다정한 그의 손에
오순티가 들려 있었다.

뜨거워도 차가워도 시원하게! | ABC 매니저 최하은
반드시 개운해져야만 할 것 같은 순간이 있다. 차가운 음료로는
부족할 것 같은 그런 날에는 민트차를 마신다. 차 온도와
관계없이 입안 가득 퍼지는 화한 느낌이 좋다. '반민초단'인 내게
민트차의 매력을 알려준 어떤 고마운 사람 덕분에, 한층 다양한
선택지를 갖게 되었다.

보리차가 있는 풍경 | ABC 매니저 정희석
일요일 오후면 커다란 냄비에 보리차를 우린다. 보리차는
익숙하다. 내 혈관에 보리차가 흐른다고 해도 과언이 아닐
정도로. 엄마 덕분이다. 너무 진하지도 슴슴하지도 않아야
좋다는 엄마 말을 곱씹는다. 그럼그럼 고개를 끄덕인다. 식탁 위,
식어가는 보리차병은 늘 마음이 놓이는 풍경이다.

보고 싶은 할머니 | ABC 매니저 한지원
외할머니가 살아계실 적, 길에 보이는 쑥을 손으로 뚝뚝 뜯어
손수건에 담아내던 모습이 떠오른다. 집에서 천천히 말려 한 번씩
우려내어줄 때 그의 눈에서부터 다정함이 묻어 나와 나도 덩달아
반달눈을 하고 웃었더랬지. 요즘 참 보고 싶은 할머니,
오늘 엄마 생일인데 꿈에 좀 나타나서!

보이차 타임 | ABC 디자이너 임하경
오랜만에 집에 내려갈 때면 엄마는 항상 다드 세트에 보이차를
내려주신다. 차를 마시는 동안 우리는 떨어져 지내며 있었던
각자의 시시콜콜한 일들을 늘어놓는다. 보이차를 마셔야 비로소
집에 돌아왔다는 기분이 든다.

Vol.01 Vol.02 Vol.03 Vol.04 Vol.05 Vol.06 Vol.07 Vol.08 Vol.09 Vol.10 Vol.11
Vol.12 Vol.13 Vol.14 Vol.15 Vol.16 Vol.17 Vol.18 Vol.19 Vol.20 Vol.21 Vol.22
Vol.23 Vol.24 Vol.25 Vol.26 Vol.27 Vol.28 Vol.29 Vol.30 Vol.31 Vol.32 Vol.33
Vol.34 Vol.35 Vol.36 Vol.37 Vol.38 Vol.39 Vol.40 Vol.41 Vol.42 Vol.43 Vol.44
Vol.45 Vol.46 Vol.47 Vol.48 Vol.49 Vol.50 Vol.51 Vol.52 Vol.53 Vol.54 Vol.55
Vol.56 Vol.57 Vol.58 Vol.59 Vol.60 Vol.61 Vol.62 Vol.63 Vol.64 Vol.65 Vol.66
Vol.67 Vol.68 Vol.69 Vol.70 Vol.71 Vol.72 Vol.73 Vol.74 Vol.75 Vol.76 Vol.77
Vol.78 Vol.79 Vol.80 Vol.81 Vol.82 Vol.83 Vol.84 Vol.85 Vol.86 Vol.87 Vol.88
Vol.89 Vol.90 Vol.91 Vol.92 Vol.93 Vol.94 Vol.95 Vol.96 Vol.97 Vol.98 Vol.99
Vol.100 Vol.101 Vol.102 Vol.103 Vol.104 Vol.105 Vol.106

Publisher
송원준 Song Wonjune

Editor in Chief
김이경 Kim Leekyeng

Senior Editor
황진아 Hwang Jinah

Editor
차의진 Cha Uijin

Art Director
김이경 Kim Leekyeng

Designer
윤원정 Yoon Wonjung

Cover Design Guide
오혜진 O Hezin

Front Cover Image
Takanori Manago

Back Cover Image
Yuko Manago

Photographer
강현욱 Kang Hyunuk
김혜정 Keem Hyejung
박은비 Park Eunbi
최모레 Choe More

Project Editor
이주연(산책방) Lee Zuyeon
김건태 Kim Kuntae
배순탁 Bae Soontak
전진우 Jun Jinwoo
정다운 Jung Daun
한수희 Han Suhui
한승재 Han Seungjae

Illustrator
심규태 Sim Kyutae
점선면 Jeom Seon-myeon
휘라 Wheelee

Marketer
문주원 Mun Juwon

Copy Editor
기인선 Ki Inseon

Management Support
강상림 Kang Sanglim

Publishing
㈜어라운드
도서등록번호 제 2014-000186호
출판등록일 2009년 12월 5일
ISSN 2287-4216
창간 2012년 8월 20일
발행일 2026년 4월 3일

AROUND Inc.
서울시 마포구 동교로51길 27
27, Donggyoro 51-gil, Mapo-gu, Seoul, Korea

광고 문의 / 02 6933 5624
구독 문의 / 070 8650 6375
around@a-round.kr

a-round.kr
instagram.com/aroundmagazine
blog.naver.com/aroundmagazine

어라운드는 나무를 아끼기 위해
고지율 20퍼센트인 재생종이 그린라이트를 사용합니다.